Redefinindo
MARKETING DIRETO INTERATIVO
na Era Digital

Redefinindo MARKETING DIRETO INTERATIVO na Era Digital

Coordenação de

STAN RAPP

M.Books do Brasil Editora Ltda.

Rua Jorge Americano, 61 - Alto da Lapa
05083-130 - São Paulo - SP - Telefones: (11) 3645-0409/(11) 3645-0410
Fax: (11) 3832-0335 - e-mail: vendas@mbooks.com.br
www.mbooks.com.br

Dados de Catalogação na Publicação

Rapp, Stan, organizador

Redefinindo Marketing Direto Interativo na Era Digital – Como Aplicar com Sucesso Conceitos de Marketing iDireto e iBranding em seu Plano de Marketing.

2011 – São Paulo – M.Books do Brasil Editora Ltda.

1. Marketing   2. Marketing Direto   3. Administração

ISBN: 978-85-7680-118-4

Do original: Reinventing Interactive and Direct Marketing – leading experts show how to maximize digital ROI with iDirect and iBranding imperatives
ISBN original: 978-0-07-163802-9
Original publicado pela McGraw-Hill

© 2010 by Engauge Marketing LLC.

Editor
Milton Mira de Assumpção Filho

Tradução
Regina Claudia Loverri

Produção Editorial
Beatriz Simões Araújo

Coordenação Gráfica
Silas Camargo

Design da Capa do Original
Malvina D'Alterio

Editoração
Crontec

© 2011
M.Books do Brasil Editora Ltda.
Todos os direitos reservados.
Proibida a reprodução total ou parcial.
Os infratores serão punidos na forma da lei.

*Para Liz e Stephen, pois sem suporte, encorajamento
e engajamento de vocês este livro não existiria.*

Sumário

Prefácio **13**

Introdução **19**
Stan Rapp

Seguindo em frente 22
Reinventando agências de publicidade para a era digital 23
Nike adere ao iDireto e à iBranding 26
Os tempos de mudança exigem mudança na organização 27

1. Momento Certo para o Marketing Realmente Ser Direto para Agregar Valor **31**

John Greco

2. Novas Realidades Perplexas Confrontadas Atualmente pelos Profissionais de Marketing **37**

Richard Cross

Os vendedores atualmente conhecem mais,
e não os profissionais de marketing ou suas agências 39
O sucesso começa com a compreensão da tecnologia, e não simplesmente
com a compreensão do cliente 42
O infinito ciberespaço compartilhado é onde as marcas prosperam, e não
as telas de TV 46

3. Alocação da Mídia na Era da Rede em Massa **51**

Don Schultz, Ph.D.

As três transformações do marketing direto 52
O desenvolvimento dos modelos de marketing push-pull 54
Distribuição da mídia *versus* consumo da mídia 56
Criação de modelos preditivos 60

8 REDEFININDO MARKETING DIRETO INTERATIVO NA ERA DIGITAL

Um passo à frente... 64
    Notas.. 66

4. Alcançar o Emocional com a Nova Publicidade iDTV 67

Lucas Donat

O laboratório de teste da Super Bowl.. 71
O elemento essencial – emoção que promove conexão real................ 73
    A eHarmony: o poder da amabilidade... 74
    LegalZoom: a força da história para criar conexões emocionais........ 77

5. Mais Vendas, Menos Custo: Otimizando Cada Engajamento do Cliente 81

Michael Caccavale

Canais iDireto – uma proposição de sucesso ou fracasso.................... 82
O mito "pagar pelo desempenho"... 84
Uma (r)evolução analítica 85
    A origem do desafio 85
    Evolução na definição de metas 86
Como otimizar cada engajamento do cliente................................... 88
    Integração de dados do cliente... 89
    Comportamento preditivo 90
    Otimizando e alinhando as ofertas 91
    Engajando o cliente por toda parte... 92
Esteja preparado 93

6. MMB e OMB: Motivadores Fundamentais para o Sucesso do IDireto 95

David Hughes

Marketing do mecanismo de busca: um sonho de desempenho do profissional de marketing 96
Estudo de caso do marketing do mecanismo de busca: desenvolvedor de imóveis 100
    Profissional de marketing do mecanismo de busca 100
    Desafio.. 100
    Solução 101
    Resultados 102

Otimização do mecanismo de busca: uma abordagem em três camadas 102
Planejamento da campanha 104
Análise da oportunidade.. 104
Diagnóstico 104
Avaliação da execução... 105
Relato e analítica 105
Estudo de caso da otimização do mecanismo de busca: site de cinema....... 106
Histórico.. 106
Desafio 107
Solução 107
Resultados 108
O "segredo" do sucesso do marketing do mecanismo de busca e
da otimização do mecanismo de busca 108
Lista concisa das melhores práticas 109
Nota 110

7. Marketing Móvel: Mantendo o iDireto na Palma da Mão do Seu Cliente ... 111

Michael Becker

Revelando o canal móvel 113
Definição de marketing móvel.. 116
Precaução do profissional de marketing.................................... 117
Interfaceando o marketing móvel com sua estratégia global 118
Como os profissionais de marketing fazem o marketing móvel produzir efeito...122
A importância de acertar a execução 123
Considerações táticas para campanhas móveis de iDireto................... 129
Agora é sua vez... 131
Notas... 132

8. Uso da Psicologia para Orientar o Comportamento Digital 135

Melissa Read, Ph.D.

Promovendo um novo escopo de conversa..................................... 136
Orientando a percepção, interação e tomada de decisão 138
Psicologia como força propulsora na revolução digital 140
Estudo de caso: uso da psicologia para motivar digitalmente o
turismo 142
Obstáculo 1: modelos mentais 143
Obstáculo 2: comportamento de indiferença................................. 145
Considerações finais.. 146

10 REDEFININDO MARKETING DIRETO INTERATIVO NA ERA DIGITAL

9. Utilidade do E-mail em Casa e no Trabalho **147**

Jeanniey Mullen

Como aproveitar o poder do iDireto para maximizar seus investimentos
em e-mail marketing 149
   Primeira etapa: saber com quem você está lidando 149
   Segunda etapa: compreender as cinco funções primordiais do
   e-mail iDireto.. 150
   Terceira etapa: segmente sua lista de e-mail para maximizar a eficiência
   do marketing direto 155
   Quarta etapa: alcance o cliente com criatividade
   que causa impacto 157
Qual a importância disso tudo 159
   Nota 160

**10. Conversação: o que é Mais Importante para os Profissionais de
Marketing Agora** **161**

Joseph Jaffe

Greg Verdino

O que ocorre aqui é uma falha de comunicação 162
Qual o aspecto da mudança real? 163
Se o que era antigo voltou a ser novo, o que mudou?.................................. 165
Entrando no jogo 166
Compromisso com a conversação... 168
Conversação implícita em sua estratégia de marketing 169

11. Marketing iDireto na Best Buy for Business **173**

Janet Rubio

Construindo um mercado de dados para hipercrescimento na era digital..... 175
Orientando programas segmentados com transmissão analítica.................. 177
Testando para encontrar o mix ótimo do canal 178
Reunindo tudo em um sistema de contato totalmente integrado.................. 179
Então, o que vem a seguir? 181

Sumário **11**

12. iBrands: a Nova Face do Cliente **183**

Michael McCathren

iBrands criam conteúdo.. 184
iBrands promovem lealdade 189
O custo e a oportunidade... 191
Avalie seu potencial de influenciar os influentes........................ 192
　Notas... 193

13. Os Fatores Determinantes para o Sucesso do Marketing iDireto **195**

Tim Suther

O primeiro princípio fundamental: os dados são o "new black".................... 196
O segundo princípio fundamental: libere seus recursos para os novos
canais de comunicação.. 199
O terceiro princípio fundamental: confluência do conteúdo 201
Execução em uma zona de conforto 202
Marketing direto é agora marketing iDireto................................ 204
Pirita de marketing.. 206
Para onde você vai a partir daqui?.. 208
　Nota 209

Apêndice　A Arma Secreta do iDireto: a Nova Ordem de Teste **211**

Jose Cebrian

Ben Rothfeld

Sua publicidade não funciona 211
Teste como aprendizado 213
Testar e como obter resultado 215
O avanço da analítica 217
Então, por que todos não fazem isso agora?.............................. 219
O que vale a pena: como considerar o teste hoje....................... 223

Índice **229**

Sobre os autores **239**

Sobre Michael Becker.. 239
Sobre Michael Caccavale... 239

12 REDEFININDO MARKETING DIRETO INTERATIVO NA ERA DIGITAL

Sobre Richard Cross 240
Sobre Lucas Donat.. 240
Sobre John A. Greco, Jr. 241
Sobre David M. Hughes 241
Sobre Joseph Jaffe... 241
Sobre Michael McCathren 242
Sobre Jeanniey Mullen.. 242
Sobre Melissa Read, Ph.D... 243
Sobre Janet Rubio... 243
Sobre Don E. Schultz 243
Sobre Tim Suther.. 244
Sobre Greg Verdino... 244
Sobre a AMD... 245

Sobre a Engauge 246

Sobre Stan Rapp 247

Construtor de negócios.. 247
Autor 6 vezes 247
Palestrante importante 248
Homenagens 248

Prefácio

Ouvimos cada vez mais protestos da mídia e dos eruditos em publicidade, dizendo que o céu está caindo. Ano após ano, na convenção anual da American Association of Advertising Agencies (4As), líderes de agência lamentam a perda do *status quo*. Com a habilidade recém-descoberta de os clientes explorarem o marketing diretamente na mídia digital de baixo custo, as grandes agências estão buscando um bom entendimento com a grande mídia, além da redução significativa dos custos.

O que você faz quando o alcance e a consciência da publicidade em massa não são mais o Santo Graal? Para onde você recorre quando os diretores de marketing não buscam mais por garantias vagas com relação à habilidade de suas empresas de avaliar o sucesso? Como você reage quando do o gasto é cortado para resistir a uma tempestade econômica?

Entretanto, quando o contexto revela perturbação e crise, sempre existem alguns líderes que enxergam transformação e novas oportunidades de crescimento no horizonte. É justamente isso que *Redefinindo Marketing Direto e Interativo na Era Digital* aborda.

Quando encontrei com Stan Rapp, no dia em que ele visitou a agência de publicidade que eu liderava, foi o início da concretização de um sonho. Com a guru de marketing direto, Janet Rubio, e o pioneiro digital, Jeff Hilimire, criamos a Engauge, uma agência com novas soluções em marketing. Estamos determinados a ser os precursores de modelos colaborativos inovadores para unificar *insights* de dados e uma brilhante criatividade da marca com a energia interativa desencadeada pelas conexões de banda larga.

14 REDEFININDO MARKETING DIRETO INTERATIVO NA ERA DIGITAL

Os resultados que observamos em nossos clientes tanto de empresas para cliente (E para C) como de empresa para empresa (E para E) nos indicam que estamos no caminho certo.

Aprimoramos esta estratégia em uma série de disciplinas singulares da agência – **iDireto** e **iBranding**. Ambos os conceitos dependem significativamente da tecnologia digital para atingir o melhor resultado possível para os clientes a um custo surpreendentemente baixo. Entretanto, este livro não é sobre a Engauge, mas, sim, sobre um empreendimento em âmbito industrial, incluindo muitos de nossos concorrentes, e é liderado pela Associação de Marketing Direto (AMD). Nós, da Engauge, estamos orgulhosos de patrocinar a publicação de *Redefinindo Marketing Direto e Interativo na Era Digital*. Pela primeira vez, os líderes intelectuais de todo o espectro do marketing direto, interativo e da marca reuniram-se para avaliar o cenário atual e, mais importante, comentar as perspectivas a respeito dela. Convidamos uma equipe estelar de colaboradores com ampla gama de expertise para ajudá-lo no empreendimento. Richard Cross, coautor de *Customer Bonding**, confronta algumas das mais perplexas realidades que os profissionais de marketing defrontam na atual publicidade confusa e na transição do marketing de uma geração para outra (Capítulo 2). Cross fornece orientação irreverente e iconoclástica para competir em um mercado no qual 20 provedores de tecnologia ensinam aos profissionais de marketing veteranos a diferença entre o que é certo e o que é errado atualmente.

Você ficará fascinado pelo que Michael McCathren, que possui o título de catalisador de conversação na Chick-fil-A, tem a dizer sobre sua marca famosa e também sua visão exclusiva do que ele considera a própria **iBrand** do cliente – conexões pessoais da internet do indivíduo com seu próprio posicionamento e equidade da marca (Capítulo 12). Seu sucesso futuro como profissional de marketing na era digital pode depender de como sua marca interage com o que torna sua característica **iBranding** mais influente do cliente.

---

*Cross, Richard e Janet Smith, *Customer Bonding: Pathway to Lasting Customer Loyality*, (Nova York, NY: NTC/Contemporary Publishing Company, 1996).

Você pode avaliar a chegada do iDTV – modelo de Lucas Donat para a próxima geração de publicidade de TV de resposta direta. Donat abre seus olhos para um extraordinário e inédito segredo de sucesso do **iDireto**, denominado iDTV (Capítulo 4). Os comerciais da nova era de sua agência geram um vínculo emocional e constroem uma ponte de resposta direta para que o prospecto atravesse a tela da TV para a tela do computador. Nesse capítulo, Donat respira uma nova vida no impacto do comercial de 30 segundos.

Mike Caccavale ensina como otimizar cada prospecto e engajamento com o cliente (Capítulo 5). Você obterá uma apreciação de como a revolução digital adotou a analítica de dados na estratosfera. Você ouvirá o Professor Don Schultz (Capítulo 3), abordando sobre a alocação de orçamento da mídia, Joseph Jaffe e Greg Verdino (Capítulo 10) sobre como os profissionais de marketing podem prosperar na era do Twitter-YouTube-Facebook. A Dra. Melissa Read fala sobre o uso da psicologia para orientar o comportamento desejado do cliente (Capítulo 8). Janet Rubio fornece uma visão interna de como o know-how do marketing E para E criou um mercado de dados da Best Buy for Business para influenciar o desempenho da força de vendas (Capítulo 11).

Você vai ler sobre a desmistificação do marketing do mecanismo de busca e a supremacia da otimização do mecanismo de busca (Capítulo 6). Você vai desembaraçar a complexidade do marketing móvel em um extraordinário capítulo escrito pela estrela em ascensão, Michael Becker, (Capítulo 7). O marketing móvel, praticado com mentalidade **iDireto**, tem o potencial de ser o canal de marketing mais pessoal, ubíquo e mensurável a surgir neste século. O romance duradouro da internet com o canal de e-mail é ressaltado por Jeanniey Mullen, coautora de *Email marketing: an hour a day*. Ela mostra como aproveitar ao máximo do que, normalmente, se dá menos atenção no plano de marketing – o único canal de mídia onde os clientes potenciais optam e lhe convidam a ter um relacionamento estreito com eles (Capítulo 9). E preparando o contexto para tudo que segue, é o capítulo de abertura de John Greco, presidente da Associação de Marketing Direto e porta-voz principal do novo marketing direto da era digital. Esteja preparado para deixar de lado qualquer preconceito que você tenha em relação ao papel que o marketing direto desempenha no século XXI. John, em seu estilo direto e inimitável, mostra como o novo marketing direto movimenta prospectos de interesse primordial até o fechamento da venda com canal cruzado e iniciativas digitalmente orientadas.

Se uma pessoa merece uma medalha de honra pela existência deste livro é meu sócio, Stan Rapp, quem concebeu o primeiro conceito de **marketing iDireto** e foi encorajado por John Greco para atuar como editor desta antologia. Stan projetou a Introdução deste livro, e sua atuação como editor traz a experiência de uma vida inteira como um autor aclamado seis vezes, e um líder intelectual de marketing. Basta dizer que poucos praticantes de marketing atualmente associam a gestão passada de mais de 30 anos de duas agências globais de publicidade que agora reportam bilhões de dólares em receitas combinadas. Não me atrevo a dizer que Stan é uma lenda de sua própria era porque ele não concebe qualquer referência a "legendário" na mídia. As lendas vivem no passado. Ele se vê muito no presente, como presidente de nossa agência Engauge.

A atuação ativa e contínua de Stan, como o emissário e visionário mais fervoroso do marketing direto, ao longo de mais de duas gerações, é um exemplo para as futuras gerações. Esperamos que você aprecie e obtenha resultados nesta jornada com Stan e com os colaboradores do livro em um brilhante futuro do marketing que atualmente espera ser explorado. Sentimos-nos gratos por ter contribuído com esta obra.

Rick Milenthal
CEO da Engauge.
milenthal@engauge.com

O Que É Marketing iDireto?

iDireto é o futuro do marketing. É o mecanismo de desenvolvimento essencial para adquirir e preservar clientes na era digital. Consolidado em uma estrutura de endereçabilidade de marketing direto comprovada, utiliza uma profusão de ferramentas digitais para engajamento com prospectos ou clientes no momento e no local da escolha.

O **marketing iDireto** reflete uma verdade fundamental do mercado atual: direto é digital. Digital é direto. O que erroneamente tem sido visualizado como disciplinas isoladas em detrimento de ambas, na verdade, é só uma e a mesma. O **marketing iDireto** é interativo, orientado para informações, perspicaz, inovador, individualizado e iterativo. É fundamentado no que a internet e a prática profissional do marketing direto viabilizam.

Os profissionais de marketing de empresa para empresa e de empresa para cliente empregam a tecnologia **iDireto** para conversar e interagir com seus clientes on-line. Atualmente, toda empresa, de uma forma ou de outra, é uma profissional de marketing **iDireto**. É o meio mais acessível e eficiente de convencer os convictos da marca e exceder suas metas de receita.

Em suma, o **marketing iDireto** é a confluência do digital e direto para promover o engajamento com o cliente com baixo custo e maior retorno sobre o investimento em relação ao passado. Reforça o valor de seu banco de dados de marketing e sua habilidade de gerar resultados constantemente aperfeiçoados pelo teste de tentativa e erro.

Os profissionais de marketing **iDireto** procuram contatos conhecidos com a consciência do estilo de vida digital de cada pessoa para criar relacionamentos on-line positivos, que se expandam de pessoa para pessoa, de modo a atingir resultados de vendas consideráveis e desejados.

Introdução

"Confrontar o amanhã com o pensamento de utilizar os métodos de ontem é visualizar a vida sempre do mesmo jeito. Para dar um passo à frente, cada um de nós, seja qual for nossa tarefa, devemos buscar por métodos inéditos e melhores para que o que nós fazemos bem agora seja feito ainda melhor amanhã".

James F. Bell, Cientista Líder da Mars Exploration Rovers.

A impressionante realidade de nossa era não é o quanto estamos mudando, mas, sim, o extraordinário ritmo de mudança. Parece que foi ontem que as conexões de banda larga abriram uma nova fase da revolução digital. Subitamente, centenas de milhões de pessoas no planeta começaram a compartilhar suas vidas no Facebook. Apenas dois anos após o lançamento, o Twitter tornou-se matéria de capa da revista *Time*. Conectar-se às redes sociais tornou-se o novo fascínio dos profissionais de marketing.

Com a intensificação da Grande Recessão, levou aproximadamente 60 dias para dizer adeus à economia em expansão da década. E o tempo todo os profissionais de marketing estavam dominando as novas tecnologias da era digital em uma corrida para encontrar novas soluções em tempo hábil para estarem no negócio. Comprovamos um marketing direto reinventado com uma internet promovendo a publicidade e o marketing a novos níveis de eficácia.

Este livro introduz o novo paradigma do **marketing iDireto:** o mecanismo de busca do século XXI criado na associação das tecnologias digitais com as práticas de marketing direto. O **marketing iDireto** é interativo, orientado para informações, individualizado, perspicaz, iterativo e fundamentado no que a internet viabiliza. O **marketing iDireto** é, atualmente, a abordagem que mais gera respostas, é mais acessível e mais considerável para atrair convictos para a marca e exceder suas metas de receita.

Com o **iDireto,** este livro introduz o conceito **iBranding**. Promover a equidade da marca na era digital sai da tela da TV para a tela do computador. A publicidade não tem mais a finalidade de assegurar um posicionamento favorável da marca na mente do cliente. Ela atua também para obter uma resposta que pegue o cliente pela mão e o conduza a uma memorável experiência **iBranding** on-line. Os *insights* obtidos a partir das diretrizes do marketing que contribuíram com este livro abrirão seus olhos para oportunidades novas e surpreendentes.

O uso de ferramentas digitais pelas pessoas em cada etapa da vida continua a crescer exponencialmente. Seus prospectos e clientes se mantêm um passo à frente de você, promovendo um link on-line. Eles tomam decisões de compra, embora ignorem significativamente o bombardeio de comerciais de TV e a invasão implacável das mensagens publicitárias por toda parte. Atualmente, mais tempo é gasto na frente da tela do computador do que na frente da TV. É uma mudança drástica que está desativando os alarmes nos escritórios da Madison Avenue e nas salas de reunião corporativa.

Charlene Li e Josh Bernoff, em seu best-seller *Groundswell*, ficaram entre os primeiros a compreender o escopo do comportamento alterado do cliente. Eles afirmaram: "Se você tem uma marca, você corre risco. Seus clientes sempre têm uma ideia sobre o que sua marca significa... Neste momento, eles estão conversando sobre esta ideia. Estão redefinindo para eles mesmos a marca na qual você gastou milhões de dólares, ou talvez centenas de milhões de dólares, para criá-la".

O que é mais alarmante sobre o risco descrito em *Groundswell* é a negação que ocorre ano após ano na 4As e nas conferências anuais da Associação de Publicitários Nacionais. Os assistentes escutam oradores famosos (os membros de uma cultura publicitária que não conseguem absorvê-la) conversarem sobre a necessidade de mudar sem oferecer respostas viáveis. Ouvimos muito sobre o estado deteriorado do atual cenário do marketing. Em contrapartida, ouvimos pouco dos insurgentes emergentes que obtêm uma nova visão surpreendente do marketing que vai comprometer significativamente os "prisioneiros incumbentes do passado". A complexa agência/mídia incumbente se aflige com relação ao seu futuro, embora ofereça uma segurança ilusória aos clientes na busca de um futuro melhor.

O que nunca é mencionado é o escopo global da transformação, tampouco a mídia em massa e o marketing de massa que a acompanha. Todos os participantes da conferência ANA agora são profissionais de marketing diretos que conquistam a parcela de mercado por meio do marketing direto para promover e manter relacionamentos on-line com o cliente.

A interface do engajamento interativo e da avaliação direta (mentalidade **iDireto**) substituiu a confiança do passado na conjectura do marketing face a face. Os cidadãos da rede (dois bilhões em âmbito mundial) são mestres em ignorar as mensagens publicitárias unilaterais. Eles também são mestres em "clicar" em conversas com um grupo de amigos e extensão da família, e recepcionar os estranhos que chegam às decisões de compra.

Michael McCathren da Chick-fil-A oferece uma revelação importante no capítulo que ele escreveu para este livro (Capítulo 12). Os profissionais de marketing não são mais os únicos proprietários das marcas. O cliente que se dispersa no teclado do computador assume o domínio de sua **iBrand** pessoal na internet com seu próprio conjunto distinto de componentes de autodefinição. McCathren nos informa que o caminho mais curto para estabelecer seu negócio reside em agregar valor à **iBrand** do cliente.

Você pode estar se perguntando "como eu lido com tudo isso?" Tantas mudanças no comportamento do cliente na web, novos canais de mídia surgem, ao passo que a antiga mídia desaparece, clientes vocais atuando em seus PCs e celulares. É uma mudança tão vasta que você precisa de uma equipe de líderes intelectuais para prestarem colaboração. Nenhuma pessoa possui todas as respostas. Nenhum livro tem *a resposta*.

Com a experiência descrita neste livro, você pode descobrir novas estratégias de **iDireto** para gastar menos e vender mais. Você aprende com líderes acadêmicos e de infotecnologia, assim como com porta-vozes na agência e com profissionais de marketing. Este livro não é um manual – embora haja bastante orientação prática –, mas, sim, um recurso para explorar novas visões promissoras que estão se abrindo na era digital.

SEGUINDO EM FRENTE

Redefinindo Marketing Direto e Interativo na Era Digital introduz uma nova diretriz na publicidade, promoção e estratégia de marketing.

O capítulo inicial foi escrito pelo líder visionário da Associação de Marketing Direto (AMD), John Greco, que ressalta o que significa negociar diretamente em todos os canais de mídia, independentemente do modo de distribuição de uma empresa. É uma leitura imprescindível para todo diretor de marketing que erroneamente confunde marketing direto com mala direta ou lançamentos de resposta direta. É recomendável também para quem quer compreender o novo papel crucial do marketing direto na essência do atual processo de marketing.

Executivos que amadureceram com os profissionais de marketing no controle absoluto da mensagem de sua marca ainda resistem em aceitar as verdades fundamentais de um novo modelo de comunicação interativo e centrado na internet.

Todo profissional de marketing atual é um profissional iDireto.

Você pode ser um profissional de marketing de mercadorias embaladas vendendo no varejo; você pode ser um varejista de tijolo e argamassa; você pode atuar no comércio eletrônico; você pode ser um gigante com canais de vendas no mundo virtual e real; você pode ser uma fonte de serviços financeiros; você pode ser um profissional de marketing automotivo ou um provedor de assistência médica.

Você pode ser uma empresa E para C ou E para E. Adivinha? Todos vocês compartilham uma necessidade comum. É um local interativo na web, onde você se sintoniza com o que os clientes estão dizendo e cria sua própria comunidade dar e receber de convictos da marca. É também onde você reage a outra verdade fundamental da nova era do marketing.

Direto é interativo.
Interativo é direto.

O que erroneamente foi visualizado como disciplinas separadas em detrimento de ambas realmente são só uma e a mesma. Esta visão é enfaticamente expressa pelo Professor Don Schultz em sua entrada sobre a alocação da mídia em um mercado orientado pelo cliente (Capítulo 3). Dom Schultz escreve sobre a última transformação na longa história do marketing. "Vídeo *streaming*, *downloads* de música, índices do cliente relacionados à qualidade do produto e atendimento ao cliente tornaram-se comuns. As mídias socias, tais como YouTube, MySpace e, atualmente, o mais recente encanto, Twitter, surgiram rapidamente. Todas elas permitem que o indivíduo crie, reúna ou contribua com suas próprias comunidades fundadas individualmente – comunidades nas quais o profissional de marketing pode ou não ser convidado. A transformação reinventa essencialmente as disciplinas isoladas do marketing interativo e direto para formar uma nova configuração de **iDireto** e **iBranding**".

REINVENTANDO AGÊNCIAS DE PUBLICIDADE PARA A ERA DIGITAL

A busca por um novo modelo para modificar o cenário publicitário está na mídia. Maurice Saatchi é mencionado em *Advertising Age*, com a seguinte afirmação: "Às vezes, eu sinto como se estivesse olhando para o retrato de um amigo muito querido que já se foi chamado publicidade. As empresas de publicidade costumavam se gabar da sua parcela no mercado publicitário. Agora elas estão orgulhosas do quanto sua empresa não está na publicidade." O Presidente da Publicis, Maurice Lévy, foi mencionado na *Advertising Age*, com a seguinte afirmação: "Este é o momento de inventar a planta da agência do futuro. Não estou me referindo a mudanças estéticas; refiro-me a uma mudança profunda e inquietante".

24 REDEFININDO MARKETING DIRETO INTERATIVO NA ERA DIGITAL

Somente o tempo dirá qual das muitas atitudes atuais em andamento trará a resposta decisiva – ou duas ou três respostas decisivas. Enquanto aguardavam por um modelo de agência verdadeiramente sintonizado na nova era digital, a maioria dos publicitários da marca continuava viciada em mudar de uma agência, com desempenho insatisfatório, para outra agência, com o mesmo nível de desempenho. Em breve, cairá a campanha de TV com propaganda sensacionalista. O efeito desejado raramente se materializava. Portanto, dois ou três anos depois, houve outra rodada de cadeiras musicais que consumiam tempo e dinheiro. Com toda a discussão focada na mudança, muito pouco mudou no mundo das agências até o efeito devastador do surgimento da Grande Recessão. De repente, "responsabilidade" passou a ser a nova palavra sussurrada.

Minha expectativa é que a agência do futuro seja bem diferente das agências do passado. De um lado, o romance com o modelo de agência integrada felizmente acabou. As campanhas publicitárias integradas estão sincronizadas. As agências integradas são outra questão. Ninguém é bom em tudo. O todo é menos do que a soma de suas partes. O integrante da agência publicitária da marca quase sempre toma a iniciativa. O nível ostentado no campo de atuação é uma ficção.

Precisamos de uma mudança fundamental no que passou a ser uma indústria disfuncional. No futuro do **marketing iDireto** e **iBranding**, as agências que iniciam e finalizam seu planejamento com uso criativo da experiência da internet caminham para vanguarda. Agências que permanecem em sua fixação criativa no comercial de 30 segundos desaparecem da cena.

As habilidades mais valiosas da agência, atualmente, passaram a ser o engajamento interativo com o cliente, a proeza analítica com o fluxo de dados gerados, os insights poderosos obtidos de relacionamentos estreitos e todos os esquemas de monetização de dados que promovem o valor da permanência do cliente. A agência do futuro trará à tona o que os "interativos" e os especialistas em resposta direta fazem em uma habilidade singular de gerar resultados responsáveis e **iDireto**. Da mesma forma, terá uma capacidade criativa **iBranding** que faz as conexões emocionais com o público-alvo para estabelecer e criar a identidade da marca on--line e off-line.

A publicidade, como uma força dominante no marketing, pertence ao século XX. O desvio para um foco em um engajamento relevante com o cliente e orientado para dados na Era da Internet tornou o termo "agência de publicidade" fora de moda. É aqui que o que acontece na internet torna--se o ponto central do planejamento estratégico da agência, não servindo mais as mensagens publicitárias que as pessoas adoram evitar.

Os praticantes do **iDireto** dentro da agência *i-vertising* são treinados para monitorar a eficiência a curto e longo prazos ao conectar clientes antigos e novos, interagir com eles e maximizar seu valor de permanência.

A outra concentração do talento seria o grupo **iBranding**. Nesse caso, nós temos os estrategistas e adeptos dos tipos criativos do canal cruzado motivando as pessoas para ação com estratégias para criar a marca e campanhas publicitárias transformacionais. Eles são mestres em reenergizar marcas desgastadas, introduzir novas marcas e ajudar as marcas líderes a continuarem na mente das pessoas.

Este modelo de funcionalidade dual respeita as diferentes habilidades necessárias para atender objetivos bastante diversificados. Possibilita que cada lado da equipe da agência enfoque sua própria abordagem que produz os melhores resultados e, ao mesmo tempo, una forças quando é de interesse do cliente tomar esta iniciativa. Permite direcionar o investimento monetário onde ele possa ser mais eficiente para obter o que o cliente precisa em determinado momento.

Um pouco disso já está acontecendo. Segundo uma reportagem na *Advertising Age*, o publicitário dos produtos da Kellogg constatou que o uso do digital derrotou a TV por um fator de retorno sobre o investimento de mais de 2 a 1. Como resultado, a Kellogg decidiu gastar mais dinheiro on-line e menos na TV. O diretor de marketing Mark Baynes expressou a visão de que talvez a grande oportunidade com o passar do tempo seria promovida pelo que o ambiente digital possibilita. A habilidade para melhorar o alvo, o engajamento e o diálogo criam muitas oportunidades inéditas para investimento.

NIKE ADERE AO IDIRETO E À IBRANDING

Seja qual for o nome que o novo marketing um para todos possa finalmente ser reconhecido, está atraindo uma série de inovadores. Você vai se deparar com alguns deles nos próximos capítulos. Vamos escolher apenas um nesse caso. Por que a Nike? Porque a Nike está entre os publicitários de marca mais admirados da era passada da publicidade da mídia em massa, e foi uma das primeiras que se converteu à abordagem de **marketing iDireto**.

Em março de 2007, o presidente da Nike anunciou ao mundo que a base para o marketing em sua notável empresa estava prestes a mudar. Alguns de nós constatamos a rapidez e a abrangência de tal mudança. A Nike estava preparada para romper com o "Just do it" na TV. Em vez de lidar com prospectos e clientes a uma distância razoável, a Nike desviou o dinheiro do anúncio para investir em tecnologia de engajamento, que produziu uma das atividades on-line mais drásticas observadas na internet.

Um dos fatores contributivos para o **iDireto** do novo mantra do marketing pode ser encontrado em www.nikeplus.com. É uma *joint venture* com a Apple que propicia aos proprietários de iPod a habilidade de monitorar o desempenho ao correr com um sensor no calçado da Nike. Seu desempenho pode ser visualizado e armazenado on-line.

Em vez de perder um relacionamento direto após a efetivação da venda, a Nike utiliza o envolvimento **iDireto** com a NikePlus para se tornar um participante inestimável na vida do cliente como um corredor.

De que forma você poderia seguir uma estratégia similar para abrilhantar a vida de seu cliente após efetivar uma venda?

Outra maravilha do conceito **iDireto** é NIKEiD. Você pode estar on-line para personalizar a aparência de seu tênis de corrida e colocá-

-lo em seu catálogo de compra virtual para entrega em domicílio. NI-KEiD fez de tudo para concluir a venda on-line com o marketing direto de comércio eletrônico. A mudança pioneira da Nike, do que funcionou tão bem no passado para o que funciona tão bem atualmente, é uma inspiração para qualquer um que ainda esteja hesitante em aderir ao **iDireto** e **iBranding**.

Em 2015, a publicidade e o marketing estarão muito mais próximos do novo jeito de fazer as coisas da Nike do que eles fizeram tão bem antes do surgimento da era digital.

OS TEMPOS DE MUDANÇA EXIGEM MUDANÇA NA ORGANIZAÇÃO

A mídia mudou. O comportamento humano mudou. A experiência de compra mudou. A rede social nunca para de mudar. Portanto, talvez seja o momento de realizar mudanças no departamento de marketing. O familiar gerente de publicidade, gerente de produto, gerente de tecnologia da informação (TI) e outros cargos antigos realmente são suficientes para atender às necessidades atuais do **marketing iDireto**?

Michael McCathren está em um cargo criado recentemente na Chick-fil-A como catalisador de conversa da empresa. Há alguns anos, um de nossos colaboradores, Joseph Jaffe, publicou seu segundo livro, *Join the Conversation*. Espero que você se depare com muitos catalisadores de conversa, seguindo os passos de Michael para se certificar de que uma voz autêntica da marca é ouvida on-line.

Na Engauge, o título de "diretor de *insights*" foi criado para Janet Rubio, uma das colaboradoras de *Redefinindo Marketing Direto e Interativo na Era Digital*. É difícil imaginar qualquer cargo de maior importância na atual agência de publicidade. Tanto no âmbito **iDireto** como **iBranding** da compra, um sólido planejamento estratégico começa com insights do cliente, insights comerciais, insights de categoria, insights da marca, insights competitivos e insights da mídia. Se você falhar em fazer a coisa certa, você está fadado a falhar antes de começar.

28 REDEFININDO MARKETING DIRETO INTERATIVO NA ERA DIGITAL

Minha nomeação para outra inclusão na gestão de marketing é o diretor de atualidades. Você pode achar divertido, mas o cargo não é uma piada. Ser o primeiro a estar atualizado sobre as mais recentes informações e tecnologias digitais é, hoje em dia, o grande diferencial para conquistar a supremacia no marketing. É uma questão de vida ou morte para que seu negócio tenha alguém identificando os mais recentes avanços, contatando os fornecedores empresariais que estão trilhando novos caminhos e avaliando as inúmeras alternativas que surgem no contexto global do marketing.

Estar a par sobre o que aconteceu na Argentina foi o que inspirou a decisão de criar este livro. Há um ano, meu bom amigo de Buenos Aires, Salvador Filiba, enviou-me um e-mail pedindo que eu escrevesse um prólogo de um manual a ser adotado pela AMDIA (Associação de Marketing Direto e Interativo da Argentina). Fiquei lisonjeado em assumir essa atribuição. O que me surpreendeu foi a mudança no nome da associação – a qual eu conhecia anteriormente como AMDA (sem o "interativo") – que passou a ser AMDIA.

Então, eu perguntei o porquê da mudança. Salvador me explicou que, desde 2002, os líderes intelectuais na Argentina convenceram a associação de que interativo e direto são uma única coisa. Eles acreditavam que não apenas os especialistas deveriam atuar conjuntamente, como também deveriam desenvolver suas aptidões para estarem reunidos dentro de uma única associação. Quando houve a conscientização da amplitude da mudança, os profissionais de marketing da Argentina passaram a ficar bem à frente com relação a América do Norte, Europa e Ásia.

O *Manual de Marketing Direto e Interactivo* da AMDIA foi o primeiro na América Latina (e possivelmente do mundo) a reunir as melhores práticas de marketing direto e interativo em um único livro. Fazer o prólogo me fez pensar como eu poderia criar uma obra que reunisse o marketing direto e interativo dos especialistas norte-americanos para os profissionais de marketing que falam inglês. Agradeço a Salvador Filiba e à AMDIA por plantar as sementes deste livro. Além disso, os líderes intelectuais que generosamente contribuíram com seus conhecimentos e *insights* para esta antologia também merecem aplausos. Apesar de estarem ocupados 24 horas por dia, 7 dias por semana, eles elaboraram um testamento para o novo marketing que um único autor não poderia realizar.

Em cada etapa da jornada, ao atuar em conjunto com a Associação de Marketing Direto, para explorar as novas fronteiras do marketing, o apoio de Sue Geramian foi indispensável, cujos bom ânimo e bons conselhos deram o direcionamento correto. Na McGraw-Hill, minha editora Donya Dickerson e sua equipe viabilizaram o cumprimento de um prazo quase impossível para o manuscrito.

Grande parte do que você vai descobrir nos capítulos que seguem não é necessariamente de sua categoria comercial. De forma surpreendente, isso pode atuar a seu favor. Entretanto, você pode aplicar estes conceitos inovadores em sua situação individual. Apenas pergunte: "De que forma eu posso aplicar o que funcionou nesse caso específico em minha situação?" É uma ajuda extraordinária que funciona para estimular grandes ideias.

A ausência de certeza com relação ao que conhecemos e fazemos é tão difícil de aceitar como a impetuosa mudança no marketing atualmente. Em uma era em que desistimos de ter certeza quanto ao número de planetas que circundam o sol (adeus Plutão, foi bom te conhecer), o ajuste à mudança no universo da publicidade e do marketing também é possível. A publicidade, como nós a conhecíamos, não existe mais.

Agora surge o *i-vertising* conduzido por uma nova geração de "criativos". Esta nova publicidade, melhor do que nunca, está focada em uma poderosa "motivação para ação" e na formação de uma conexão emocional com o visualizador.

Estamos em uma nova era. O cliente sem face tornou-se seu "amigo" no Facebook. Você pode ressaltar sua marca no Twitter 12 vezes por dia. Você pode reprogramar sua publicidade na TV para criar o tipo de comercial iDTV que Lucas Donat descreve no Capítulo 4 para seduzir seus clientes a se apaixonarem pela sua marca on-line. É um momento extraordinário para ser o precursor do **marketing iDireto** e **iBranding.** Tudo o que você precisa para que isso se concretize está descrito nas páginas deste livro. Vá em frente.

Stan Rapp
Presidente da Engauge.

Conforme David Ogilvy ressaltou tão bem em sua Introdução ao *Ogilvy on Advertising*, agradeço aos associados da minha agência por apoiarem o envolvimento na produção desta antologia e "acrescentar que os pontos de vista expressos nestas páginas não refletem necessariamente as opiniões colegiais da agência que me emprega".

Você pode me seguir no twitter.com/stanrapp para acompanhar a evolução do **iDireto** e **iBranding**, conforme estas novas disciplinas continuam a se desenvolver no futuro.

Capítulo

1

Momento Certo para o Marketing Realmente Ser Direto para Agregar Valor

Hoje em dia, vivemos em um mundo que está passando por profundas transformações. A mesma afirmação é absolutamente verdadeira em relação ao marketing. Mesmo antes do surgimento de todos os atuais desafios econômicos, o marketing já estava em um processo de mudança de paradigma que foi se fortalecendo ao longo dos anos. O imenso impacto das mudanças macroeconômicas e a reestruturação do mercado aceleraram essa transição, intensificando seu efeito.

Nessa transição, os investimentos financeiros aplicados ao marketing estão mudando da publicidade geral para práticas de marketing direto mensurado.

A publicidade da marca passou da mídia de massa de mão única para o marketing interativo individual de mão dupla. Os gestores de marketing são cada vez mais responsabilizados pelo alcance de resultados, e as organizações estão fazendo exigências cada vez mais elevadas pela obtenção de retorno mensurável sobre o investimento.

32 REDEFININDO MARKETING DIRETO INTERATIVO NA ERA DIGITAL

Os avanços no processamento de dados, a compilação de listas e o gerenciamento dos recursos digitais estão intensificando esta exigência pela atribuição de responsabilidade. Em razão disso, grande parte da publicidade atual contém pelo menos uma opção de resposta direta. Todos os tipos de profissionais de marketing estão aplicando uma nova tecnologia digital para iniciar uma conversa com os clientes e prospectos – eles estão "negociando diretamente" on-line e off-line para estabelecer relações individuais com clientes, doadores e prospectos com base nos dados.

Ao mesmo tempo, os clientes estão cada vez mais confortáveis em seu novo e evoluído papel como cidadãos de um universo multicanal em constante expansão. Cada vez mais, os clientes vivem, trabalham e se divertem por meio de experiências multimídias multimodais, possibilitadas pelo surgimento de rede e banda larga ilimitada. Os profissionais de marketing bem-sucedidos reconhecem que os clientes atuais possuem uma gama sem precedente de opções disponíveis, tanto em sua vida pessoal como profissional, para receber informações e tomar decisões de compra. Os leitores e visualizadores acabam tomando uma decisão com relação à mídia, ao modo e ao canal – sempre que optam por contratar um profissional de marketing – on-line ou off-line, no papel ou na tela, em casa, no trabalho ou em qualquer outro lugar.

A função primordial do marketing, em sua essência, consiste em agregar valor, tanto ao comprador quanto ao vendedor, em qualquer transação, compra, doação ou questão. Este é um processo em constante mudança, e o êxito no marketing é alcançado por aqueles que realizam o melhor trabalho no sentido de conhecer e atender às exigências com relação às preferências do cliente e ao comprometimento interno. Este é o momento de o marketing aproveitar a oportunidade para realmente ser direto – verdadeiramente colocando para trabalhar toda a interatividade e a inteligência penetrante no que o marketing direto oferece.

Atualmente, temos possibilidades significativas de realizar esta mudança e realmente dar um passo à frente, com ideias e ações que os profissionais de marketing apenas discutiram durante anos. Isso não será fácil. Requer a unificação do conhecimento e da disciplina do processo de marketing direto com os avanços na interatividade digital, coleta de dados e aptidões analíticas. O valor que podemos agregar a partir do marketing direto compensará o tempo e o custo empreendidos.

Com base nos diversos anos de experiência, sabemos que as ferramentas tradicionais do marketing direto de endereçamento, personalização, resposta direta, construção de relacionamentos, teste e avaliação constituem uma abordagem que pode ser aplicada com eficiência em todos os canais de comunicação. O processo de marketing direto pode ser utilizado para agregar valor em muitos canais diferentes, da mala direta aos e-mails, dos cartões postais aos catálogos e websites, das mensagens de texto ao vídeo on-line, redes sociais, serviços móveis, cabo endereçável, e assim por diante. Iniciando com o canal de comunicações interativo original, sem o face a face – correspondência postal –, o marketing direto passou por transformações em seu processo evolutivo, primeiro para o telefone, depois para o computador pessoal e agora para o aparelho móvel e o decodificador. Atualmente, temos um mundo com interface multicanal, e o marketing deve ser eloquente e fácil em todas as formas de marketing direto, desde o fluxo multidimensional de correspondência até o fluxo digital de bits.

Em termos macroeconômicos, o processo de marketing direto é imenso, aumentando a demanda final incremental em quase 10% da totalidade do produto doméstico bruto (GDP – gross domestic product) dos Estados Unidos. As campanhas de marketing direto em todos os canais movimentam um valor superior a US$ 2 trilhões em vendas anuais. As vendas realizadas pela internet e pelo marketing direto por e-mail cresceram rapidamente nos últimos anos, e atualmente excedem US$ 500 bilhões. Entretanto, o canal de correspondência está movimentando um total superior a US$ 700 bilhões em vendas – incluindo aproximadamente US$ 155 bilhões em vendas por catálogo. O marketing por telefone gera mais de US$ 360 bilhões em vendas adicionais, e a publicidade de resposta direta nos jornais, na televisão e em outros meios de comunicação acionam mais de US$ 450 bilhões. Mesmo em um contexto econômico difícil, as vendas impulsionadas pelo marketing direto continuam a crescer em ritmo mais acelerado do que a taxa de crescimento das vendas globais E para C e E para E.

34 REDEFININDO MARKETING DIRETO INTERATIVO NA ERA DIGITAL

Esta vantagem representa uma oportunidade significativa para o marketing direto – e as pessoas que sabem como fazê-lo atuar com eficiência. Esta é a razão pela qual mais de 52% de toda a publicidade empreendida atualmente ocorre por meio dos canais de marketing direto – mais de US$ 176 bilhões em 2008. As campanhas de marketing direto e os catálogos compõem mais de US$ 56 bilhões deste valor, com taxas de crescimento nos dígitos individuais baixos. Taxas de crescimento muito mais elevadas estão associadas ao marketing por e-mail e pela internet, que, em 2009, atraiu mais de US$ 24 milhões de gastos com anúncios.

Mesmo com as reduções nos tradicionais orçamentos publicitários realizados na recessão, acreditamos na continuidade do crescimento dos principais canais diretos. Este crescimento provavelmente será impressionante nos canais diretos mais recentes: redes sociais e cabo endereçável. Os profissionais de marketing diretos continuarão a utilizar os dados e a analítica em cada um desses canais inéditos de marketing e nos canais tradicionais, on-line e off-line, para ajustar as relações com os clientes em planos mensuráveis cada vez mais precisos de valor.

O marketing direto é a força mais poderosa para promover o retorno sobre o investimento (ROI – return on investment). Como temos acesso a tal informação? Na Associação de Marketing Direto (DMA – Direct Marketing Association), realizamos uma análise minuciosa das vendas acionadas pelas campanhas de marketing direto e do gasto incorrido sobre tais vendas. Em todos os canais, cada dólar gasto em 2008 na publicidade de marketing direto retornou US$ 11,63 de vendas incrementais, em média. O e-mail comercial produz um retorno de US$ 45, enquanto o marketing na internet retorna quase US$ 20. A mala direta comanda mais de US$ 15 em retornos. Em média, a publicidade de marketing direto retorna mais que o dobro da média da publicidade indireta geral. Além disso, este fato explica a transferência dos dólares da publicidade para o marketing direto. Recentemente, as condições difíceis intensificaram o ritmo dessa transição.

Os profissionais de marketing precisam assegurar a habilidade de sobreviver e prosperar nas épocas boas e ruins investindo na tecnologia mais recente, instruindo e reinstruindo constantemente a equipe, além de criar uma mentalidade focada no valor. Precisamos engajar os clientes em um diálogo para compreender como eles utilizam a mídia em evolução e conhecer suas preferências pessoais. Precisamos estar com a mente aberta em todos os aspectos da nossa abordagem para o futuro, e testar e avaliar tudo o que fazemos. Precisamos aprender a fazer mais com menos, por intermédio do uso da analítica, definição de objetivos, versionamento e segmentação variável, assim como elevar as taxas de resposta em todos os canais. Diante dessas responsabilidades complexas, o pessoal de marketing precisa aprender como reavaliar constantemente as práticas passadas, assim como acompanhar as últimas tendências das informações compartilhadas entre os clientes.

O marketing deve ter acesso à infraestrutura e aos dados que viabilizam comunicações endereçáveis e relevantes de todos os tipos. Da mesma forma, precisamos manter uma excelente reputação quanto ao comportamento responsável e respeito pelo tempo e pelas preferências de cada pessoa. Precisamos de aprendizado contínuo sobre a transformação ocorrida nas melhores práticas, assim como compartilhar conhecimento e experiência. Superar todos esses desafios, desde manter os canais abertos e economicamente viáveis até realçar a boa reputação do marketing, representa uma tarefa complexa, a qual nenhuma entidade individual poderá realizar inteiramente sozinha.

Há muito valor a ser agregado na cooperação dentro da comunidade de marketing em que a Associação Direta de Marketing atua a fim de facilitar. Nossos membros representam todas as indústrias verticais, tais como serviços financeiros, produtos farmacêuticos e assistência médica, varejistas, editores de revista, turismo, serviços hospitalares, bens de consumo rápido, produtos eletrônicos, comércio eletrônico e assim por diante. Eles também são os usuários e os provedores de todos os modos de mídia, desde os canais tradicionais, tais como correspondência, telefone e TV de resposta direta, até os mais recentes cabos, satélites e plataformas móveis.

Nossos associados fornecem uma ampla gama de serviços diversificados, especializações e tecnologias que compõem toda a cadeia de abastecimento do marketing direto, desde os compiladores de dados e fornecedores de listas, impressoras e mailers até serviços analíticos, especialistas de busca, inovadores móveis, profissionais de marketing boca a boca e agências digitais interativas que atuam em conjunto.

36 REDEFININDO MARKETING DIRETO INTERATIVO NA ERA DIGITAL

Atualmente, a empolgante visão do futuro descrita na Introdução de Stan Rapp, incorporada nos conceitos de **iDireto** e **iBranding**, invoca uma forte motivação para ação para que os profissionais de marketing passem a pensar e agir de forma diferente e, assim, obter resultados positivos em um mundo profundamente inconstante. Ao buscar essas metas avançadas, acredito que nossa comunidade de marketing direto está bem posicionada atualmente para ajudar empresas e instituições filantrópicas de todas as dimensões e configurações a crescerem e fortalecerem a economia. Embora não saibamos exatamente o que está à frente no próximo ciclo econômico, acreditamos que o que você encontrará nas páginas seguintes deste livro será extremamente útil.

Os membros da Associação de Marketing Direto reuniram-se para lançar este universo inovador de possibilidades para as estratégias de marketing integrado, as quais são verdadeiramente necessárias, movidas por interesses e conveniência de clientes, clientes corporativos e doadores. Encorajamos o uso de todos os dados disponíveis para gerar comunicações essencialmente pessoais, com relevância que vai além de uma simples saudação, para oferecer uma experiência interessante e "cativante" em cada contato com cada cliente, doador ou prospecto. Estamos contribuindo para a proteção e o realce das marcas, na medida em que elas são incorporadas no processo de marketing direto, na busca de resultados mais rápidos, mais significativos e mais lucrativos. Estamos empenhados em criar relações diretas multifacetadas entre comprador e vendedor, fortalecidas por uma panóplia de ferramentas digitais, a fim de gerar um envolvimento perspicaz, interativo e centrado na internet. On-line ou off-line, tudo está ligado à criação de relações personalizadas com seus clientes – as pessoas mais importantes em sua vida profissional. Aprecie e lucre com o que você vai descobrir nesta extraordinária antologia e com o que possa vir a existir em seu futuro marketing.

Capítulo

2

Novas Realidades Perplexas Confrontadas Atualmente pelos Profissionais de Marketing

Com a chegada da segunda década do século XXI, os profissionais de marketing estão se deparando com a maior transformação nos princípios básicos do mercado desde a invenção da impressora. Você pensa que é exagero? Observe as bancas de jornais em sua cidade. A familiar página impressa de seu jornal diário está desaparecendo com o avanço implacável da era digital. Você não tem mais o contato pessoal com seus clientes. Pelo contrário, é mais provável que você encontre seu cliente em seu website ou em um blog irado do editor da web.

Os profissionais de marketing e os chefes-executivos da agência de publicidade *out-of-touch*, que permaneceram muito tempo com modelos comerciais do legado, representam as notícias obsoletas nas finanças da Yahoo! e no *Advertising Age*.

Concorrentes inovadores e familiarizados à tecnologia dominam a movimentação comercial no MSNBC.com. Entretanto, antes que você res-

38 REDEFININDO MARKETING DIRETO INTERATIVO NA ERA DIGITAL

ponsabilize o ritmo da mudança em muitas frontes pela dissolução de crenças antigas, refaça sua análise. O que coloca um fim à utilidade de 4As consiste em um evento fragmentário precedente singular e impactante – a grande abertura do infinito espaço compartilhado da internet. Nesse encantado reino digital, compradores e vendedores de todas as nações em todos os continentes possuem toda era digital necessária para popular uma "nação de conteúdo" inédito e infinitamente seletivo (obrigado pelo livro, John Blossom).

Nesse espaço selvagem compartilhado, a reivindicação de um direito para sua marca é bem-sucedida ou fracassada dependendo da sua habilidade de lidar satisfatoriamente com os clientes/cidadãos da nação do conteúdo. É um "lugar selvagem, excêntrico e atraente" onde os clientes têm sua própria **iBrand** (consulte o Capítulo 12) e conquistam fama e fortuna lançando sua marca no YouTube ou escrevendo uma perniciosa crítica sobre o cliente.

O início de uma investida na terra livre para todos no ciberespaço promoveu um novo consumismo. Os consumidores devotam cada vez mais seu patrimônio mais precioso – o tempo – para buscar os melhores negócios on-line. Então, após concluir uma transação on-line ou off-line, mais tempo é empreendido para ajudar outras pessoas a adotarem o mesmo procedimento com opiniões compartilhadas abertamente a respeito de produtos utilizados ou serviços recebidos.

Este novo consumismo, aliado às novas tecnologias de informação e comunicação, muda as regras da concorrência comercial. No atual ambiente ferozmente competitivo, a conquista da parcela de mercado consiste em bombardear menos o público com publicidade intrusiva e promover mais uma revolução *high-tech* para conduzir conversações relevantes com as pessoas para quem você pretende vender algo prontamente.

A finalidade deste capítulo é iluminar os ângulos escuros do infinito espaço compartilhado. O que foi anteriormente presumido já não é mais válido; as novas descobertas precisam ser digeridas, e há muito que reaprender.

Não é surpreendente encontrar muitos profissionais de marketing confusos cometendo enganos. Use sua sensibilidade. Se alguns dias da semana você secretamente admite, com certo grau de aturdimento, distinguir o que vale a pena na "inovação" e o que vale a pena manter no contexto antigo, você certamente terá muitos adeptos. O aturdimento a curto prazo é uma reação humana natural a mudanças monumentais.

Conforme você vai observar, a solução exige a adoção de uma abordagem iconoclasta. Para avaliar o escopo do desafio que todos nós confrontamos atualmente, é útil avaliarmos minuciosamente estas três realidades inéditas e perplexas:

1. Os vendedores atualmente conhecem mais, e não os profissionais de marketing ou suas agências.

2. O sucesso começa com a compreensão da tecnologia, e não simplesmente com a compreensão do cliente.

3. O infinito ciberespaço compartilhado é onde as marcas prosperam, e não nas telas da TV.

OS VENDEDORES ATUALMENTE CONHECEM MAIS, E NÃO OS PROFISSIONAIS DE MARKETING OU SUAS AGÊNCIAS

O desenvolvimento do marketing **iDireto** decorre do crescimento explosivo das tecnologias digitais poderosas que agregam valor a todas as práticas de marketing direto comprovadas. Felizmente, existem dezenas de vendedores empresariais dispostos a contribuir com as ferramentas inventivas inéditas destinadas a propiciar uma experiência melhor para o cliente, produzindo uma avaliação mais precisa do desempenho, rastreando cada movimento realizado na web, promovendo *insights* extraordinários de mercado, ou conquistando alguma outra vantagem competitiva.

Os vendedores da tecnologia **iDireto** abrem as portas para grandes saltos à frente, jamais sonhados pela vasta maioria dos profissionais de marketing focados na conquista de melhorias marginais. Eles se esquivam do arriscado "inédito" ou simplesmente não estão informados sobre o que se encontra disponível, em uma época em que muita coisa está acontecendo tão rápido. A razão mais importante para acrescentar as capacidades de um *chief keeper-upper* (CKU)*, conforme Stan Rapp sugere, na Introdução deste livro.

As novas tecnologias de marketing digital da atualidade – motivadoras do sucesso do marketing **iDireto** – quase sempre requerem uma dose elevada de conhecimento sobre o comprador, como em relatórios, seminários, apresentações, blogs empíricos e novas formas de aprendizado na web. O que eu escuto dos vendedores mais inteligentes é que não é incomum fazer apresentações do produto ao presidente, diretor financeiro, diretor de marketing e à cúpula da TI antes que o objetivo seja alcançado. Todos eles precisam ser informados.

Nessas reuniões, o comprador potencial está aprendendo como o novo desenvolvimento pode solucionar problemas fundamentais de marketing. Os horizontes se expandem. Estratégias de venda totalmente inéditas podem surgir. O vendedor passa a ser o emissário que fará uma diferença surpreendente no resultado. O vendedor não é mais simplesmente o fornecedor de um recurso com o melhor preço. Até certo ponto isso foi real no passado. A diferença é que, atualmente, a mudança é constante. No novo mundo do **iDireto**, a confiança inconsciente em normas de longa data não neutraliza este contexto.

Scott Brinker, fundador do Íon interativo, famoso por seu aplicativo para marketing pós-clique Live Ball, disponibiliza o produto da empresa com e sem o suporte criativo. Compradores que adquirem somente o software sem a execução imaginativa do hemisfério direito do cérebro geralmente vacilam, pois eles não assimilam a abordagem em âmbito total. "As empresas compram nosso produto porque elas querem um meio fácil de testar as *páginas de entrada*", afirma Brinker. "Nossa tecnologia faz isso. Entretanto, quando elas iniciam o teste, descobrem que o fator limitante não é, em absoluto, a existência ou a ausência de tecnologia. É a criatividade envolvida na associação da execução do programa com a idealização dos atalhos para teste."

---

* Profissional responsável pelo acompanhamento do comportamento e do estilo de vida dos funcionários.

Essa conscientização normalmente reconduz os compradores de tecnologia bruta ao grupo criativo da Íon, que desenvolve as páginas de entrada e testa a matriz com base no que funcionou para outros clientes.

"De fato", diz Brinker, "fornecedores como a Íon são os novos educadores de marketing. Publicamos nosso blog e nossos relatórios para orientar os prospectos." Para comprovar a questão, no início de 2009, Brinker foi coautor com Anna Telerico de um guia oficial orientado para o marketing pós-clique, intitulado *Honest seduction: using post-click marketing to turn landing pages into game changes*. Além disso, o blog pessoal de Brinker, www.chiefmartec.com, aborda questões mais abrangentes de marketing.

Sem dúvida, Brinker é um líder do conceito de marketing E para E para os vendedores que agilizam dezenas de ferramentas poderosas para os profissionais de marketing E para E e E para C mês após mês para intensificar o desempenho do **iDireto**.

Mark Desrocher, Presidente da Charles River Interactive, um fornecedor de marketing do mecanismo de busca (SEM – Search Engine Marketing) e otimização do mecanismo de busca (SEO – Search Engine Optimization) localizado em Boston, MA, e David Hughes, Presidente da The Search Agency (Capítulo 6) são fornecedores que – você adivinhou – iniciam a organização de campanhas de otimização do mecanismo de busca e do marketing do mecanismo de busca para os clientes. Charles River está profundamente envolvido nas operações diárias dos profissionai de marketing. "Analisamos os dados de desempenho do cliente antes que ele o faça. Da mesma forma, avaliamos os resultados com clientes e indústrias antes de qualquer pessoa", declara Desrocher.

Tudo o que você está lendo neste capítulo sobre a nova disciplina do **marketing iDireto** tem um aspecto **iBranding** igualmente valioso. Atualmente, a internet faz pela marca o que o comercial de 30 segundos fazia anteriormente como seu território exclusivo. Desrocher cita o exemplo de um cliente no setor farmacêutico que comercializa seu medicamento para hipertensão utilizando anúncios "pago por clique". A pesquisa preliminar de palavra-chave revelou que os clientes buscam mais o termo "pressão alta" do que o termo "hipertensão". Portanto, o cliente foi persuadido a ajustar a localização de sua marca de "produto para hipertensão" para "produto para pressão alta".

Os profissionais de marketing da marca podem considerar esse processo de posicionamento estratégico herético, levando em conta os inúmeros meses e dezenas de milhões de dólares que normalmente são investidos em uma pesquisa prolongada, analítica e em campanhas publicitárias para encontrar a conexão exata entre a marca e o alvo final do marketing.

Entretanto, as palavras-chave são diferentes das palavras que os publicitários escolhem para promover a consciência da marca. O posicionamento nos anúncios baseia-se nos conceitos que os publicitários querem inserir na mente dos clientes, embora as palavras-chave sejam palavras que as pessoas já têm na cabeça com relação à marca.

Todas as decisões fundamentadas na tecnologia devem ser conduzidas com cautela. No entanto, é importante saber que o seu fornecedor favorito pode também ser seu instrutor favorito, e que provavelmente possui conhecimento não acessível em algum outro lugar dentro do seu grupo de marketing. Somente com uma mentalidade genuína de parceria é que este conhecimento será um elemento decisivo nas soluções de **marketing iDireto** e **iBranding**, com resultados que vão além de qualquer coisa anteriormente suposta.

O SUCESSO COMEÇA COM A COMPREENSÃO DA TECNOLOGIA, E NÃO SIMPLESMENTE COM A COMPREENSÃO DO CLIENTE

"Conhecer o cliente" tem sido a regra primordial do profissionais de marketing para alcançar seus objetivos. A razão é clara: um profissional de marketing precisa conhecer o máximo possível sobre o cliente para ter em mãos a melhor chance de efetivar uma venda. O mantra do marketing direto baseia-se em obter informações sobre o cliente, armazená-las, segmentar os clientes com base nos dados fornecidos pelo perfil, e criar diferentes mensagens para diferentes segmentos a fim de atingir o melhor resultado mensurável possível.

O imenso aumento só no número de pontos de dados sobre clientes gerados pelo engajamento interativo on-line tem se intensificado consideravelmente. Cada visita ao site, cada clique e cada registro acrescentam informações sobre a identificação do cliente. A arte de vender mensagens personalizadas baseadas nas características do receptor está muito além dos cinco a dez agrupamentos usuais de dados demográficos, psicológicos e comportamentais segmentados para englobar literalmente milhares de mensagens variáveis (consulte o Capítulo 5: Mais vendas, menos custo: otimizando cada engajamento do cliente).

A determinação obstinada do profissional de marketing de **iDireto** para angariar dados em cada ponto de toque do cliente é admirável; no entanto, com tantas tecnologias digitais automatizadas inéditas para assimilar, a nova ordem para os profissionais de marketing poderia ser "Conheça seus fornecedores de tecnologia".

Google, BrightWave, RevTrax, Pluris, Red Dot, Pardot, Bronto, Salesforce, Goldmine, LiveBall, Omniture, Rapleaf, Real Branding, Alterian etc. A lista poderia preencher uma página. Algumas oferecem soluções holísticas para resolver uma série de questões relacionadas ao marketing; outras são independentes, preferindo ser melhores em uma classe e concentrando-se em uma oportunidade digital singular.

O que elas têm em comum é a influência no chamado "funil do marketing", que possui uma ampla abertura no topo para captar o máximo possível de prospectos relativamente não diferenciados, e é estreito na base – onde os prospectos passam a ser clientes. O processo de afunilamento inicia com Google, Yahoo!, MSN e outros mecanismos de busca, e pode continuar por intermédio de um processo quase inteiramente automatizado até a venda, utilizando tecnologias sofisticadas inéditas que passaram a ser utilizadas nos últimos 24 meses. Os resultados desse processo são surpreendentemente positivos, pois você pode fazê-los acontecer com pouco ou nenhum conhecimento do prospecto. É necessário muito pouco, se for o caso, de personalização baseada nos perfis existentes sobre o cliente. Algumas das crenças mais significativas das gerações de profissionais de marketing diretos poderão, em breve, ser desafiadas.

44 REDEFININDO MARKETING DIRETO INTERATIVO NA ERA DIGITAL

Tome como exemplo o modo de o Google definir um mercado e um prospecto. Uma das primeiras opções é a de uma busca ampla ou restrita (altamente específica). Se, por exemplo, você estiver vendendo luxuosos livros de bolso, pode comprar a frase-chave "livros de bolso" e ser visualizado por todos que estejam procurando este item. Ou você pode ir para o outro extremo e comprar marcas minuciosamente definidas, como Gucci ou um revendedor de luxo como Neiman Marcus. O Google ajudará a informar suas opções projetando um tráfego antecipado para cada termo.

Mesmo assim, no início é tudo suposição; você não faz ideia de quais termos conduzirão ou não às vendas.

Se você não confiar em seu julgamento com relação a quais termos produzirão os melhores resultados em vendas, obviamente você pode recorrer ao teste para encontrar as definições. Por exemplo, você pode determinar que a melhor abordagem é criar um funil com um topo estreito que se assemelhe a um tubo de ensaio. Os prospectos que entram em seu tubo são altamente qualificados pelas palavras-chave que você seleciona e as palavras utilizadas em seu *AdWords* criativo convertem-se em um número menor de prospectos em um índice extremamente elevado.

Bill Black, Presidente da Construction Data Company (CDC), um editor E para E em Vero Beach, Flórida, fez este comentário sobre tecnologias de marketing digital: "Começamos comprando palavras-chave com base em nossos 20 anos de experiência comercial. Somos uma organização de vendas e conhecemos muito bem nossos clientes. Nosso banco de dados de prospectos incluiu todos os nossos clientes potenciais, ou assim julgamos."

Adotando a abordagem de busca abrangente com o Google, a CDC conseguiu identificar um público muito maior de clientes potenciais. Entretanto, o êxito real veio quando a CDC adquiriu acesso a alguns *softwares* de marketing pós-clique. Black declara: "Começamos com o pago por clique utilizando uma versão de nossa página inicial como nossa página de entrada. Entretanto, quando criamos novas páginas baseadas naquelas em quem nós estávamos atraindo, nosso índice de conversão quadruplicou. Mudou toda a equação."

Avanços adicionais foram obtidos pela empresa depois que os testes sugeriram a mudança da oferta de uma amostra grátis de produto por 24 horas de experimentação, possibilitando aos prospectos uma exposição total ao banco de dados da empresa de projetos de construção. Com a tecnologia automatizada à disposição, a CDC continua a observar crescimento na curva de vendas.

A supremacia da tecnologia não foi desconsiderada pelos anunciantes de marca, embora eles geralmente sejam agentes relutantes. O antigo e famoso colunista publicitário do *New York Times*, Randall Rothenberg, declarou recentemente no blog do Bureau de Publicidade Interativa que, neste difícil momento econômico, os orçamentos publicitários interativos são os únicos que florescem.

Rothenberg, no *web*site da Associação de Marketing Interativo, postou a seguinte observação do presidente da RG/A, chefe-executivo e diretor de criação Bob Greenberg (segundo as informações mais recentes, a agência de Greenberg possui 130 tecnologistas em marketing na equipe):

> *"Existem necessidades criativas essenciais que não existiam na antiga publicidade... A publicidade deixou de ser apenas a exibição de um anúncio, um comercial de TV ou um banner; ela implica a criação de ferramentas poderosas e o arquitetar de experiências com os usuários."*

Obviamente, Greenberg está certo. Antes de criar qualquer publicidade on-line ou experiência interativa, é preciso compreender a tecnologia necessária para dar vida à ideia. O conhecimento do cliente entra no cenário posteriormente, quando for o momento de incentivar o criador a produzir uma mensagem relevante, significativa e com valor agregado.

Atualmente, eu ainda estimulo os clientes a focarem o consumidor (você corre o risco de se dissociar do consultor por não dizer "focado no cliente" pelo menos três vezes por dia), mas eu também digo: "Pense primeiro na tecnologia." Estamos cada vez mais próximos da realização do sonho de uma solução totalmente automatizada. Chegará o tempo em que o diretor de marketing apertará algumas teclas em seu painel **iDireto** e ativará um processo que produz exatamente os resultados financeiros que o presidente quer para aquele trimestre.

O INFINITO CIBERESPAÇO COMPARTILHADO É ONDE AS MARCAS PROSPERAM, E NÃO AS TELAS DE TV

O futurista George Gilder previu em 1990, em seu livro *Life after television*, que a tela de TV seria suplantada no lar americano pela tela de computador. Quatro anos depois ele afirmou: "Assim como o equipamento de *desktop* de publicidade digital gerou milhares de empresas publicitárias, os novos sistemas de publicidade de vídeo gerarão milhares de novas produtoras de filmes." O único empecilho, segundo Gilder, foi a falta de conexões banda larga.

Ele estava absolutamente certo. O ponto de desequilíbrio da banda larga foi aquele dia, em 2007, quando os lares americanos ultrapassaram os 50% do ponto de conexão. Atualmente, existem centenas de milhares de produtores de vídeo e 3 bilhões de vídeos visualizados mensalmente no YouTube. No último ano, observamos uma nova tendência de consumo pela TV on-line graças a Hulu, Fox e outras redes, tornando a TV on-line uma opção conveniente.

Além disso, o MySpace pode gerar 40 milhões de impressões diferentes por dia em sua página inicial, mais do que a maioria das apresentações assistidas diariamente em qualquer programa de TV. Os sites dominantes da rede social são tão grandes que nos últimos meses eles suplantaram o e-mail como ferramenta primordial de comunicação interativa.

Para os profissionais de marketing, as centenas de milhões de pessoas atraídas pela rede social significam que o valioso mercado de massa tantas vezes declarado "morto" está vivo e bem. Entretanto, atingir o novo mercado de massa on-line e promover sua marca é um desafio inteiramente inédito, que requer uma mentalidade **iBranding** absolutamente inovadora. E enquanto o enigma da busca de um mercado de massa em uma arena individual íntima permanece sem solução, a riqueza da Madison Avenue continuará sendo investida no canal de TV e continuará pagando mais por cada vez menos.

Em vez de focar o consumo do entretenimento televisionado e adquirir os produtos exibidos nos intervalos comerciais, os membros do novo público em massa on-line esbanjam tempo, e não dinheiro, no que lhes interessa. A conexão com outras pessoas em vasta escala tornou-se um meio fascinante de vida quase da noite para o dia. Isso tem um valor tão significativo que os "amigos" e "seguidores" (como são chamados) atuam como o novo tesouro do espaço digital compartilhado. Quanto mais você os tem, mais suntuosa é sua vida on-line. No processo, as pessoas tornam-se suas próprias **iBrands**.

Obviamente, esses avanços oferecem uma oportunidade incrível, embora ainda não realizada, para os profissionais de marketing. A **iBrand** do vendedor precisa ser exposta onde as pessoas se reúnem, onde estão seu coração e sua mente. Articular um diálogo como um profissional de marketing significa aprender a nova linguagem da verdadeira amabilidade e compreensão, aprendendo a se associar às pessoas certas sem limites.

A inédita e irresistível realidade do "infinito espaço compartilhado" cria um ponto de encontro de escalabilidade ilimitada; a soma de todos os *sites* de rede social, a chamada "blogosfera", *sites* de avaliação de produtos e serviços, *sites wiki* e todos os *sites* gerados por profissionais de marketing que começaram a explorar contextos externos de compartilhamento com amigos e estranhos que se tornaram "amigos". Redes de publicidade on-line recentemente formadas estão destinadas a falhar no intento de sobrepor um modelo publicitário desconhecido no contexto das comunidades da internet. Ao contrário da mídia de massa off-line, a participação em massa na internet não é um terreno fértil para a publicidade do mercado de massa: as pessoas, e não os profissionais de marketing, fazem dela o que ela é.

Enquanto o Facebook, o YouTube e o Twitter lutam pela supremacia e buscam modelos comerciais fundamentados na publicidade funcional, inovadores pioneiros estão entrando no infinito espaço de compartilhamento da internet para atrair seus próprios seguidores.

Uma dessas marcas é a Yelp. Esta empresa novata publica opiniões reveladoras dos clientes sobre restaurantes, casas noturnas e varejistas. A Yelp apresenta 2,6 milhões de opiniões sem censura fornecidas pelos usuários, que conquistaram a confiança dos visitantes ao site. O que é importante para a comunidade da Yelp é a sabedoria essencial que os colaboradores acumulam no mundo real em grande escala.

48 REDEFININDO MARKETING DIRETO INTERATIVO NA ERA DIGITAL

Menos de quatro anos após seu lançamento, a Yelp atrai quase 10 milhões de visitantes inéditos mensalmente – quase o dobro do registro do ano anterior. O sucesso da Yelp tem muito em comum com outras empresas na web que se fundamentam nas avaliações e no conteúdo do usuário. O que virá a seguir são recursos adicionais que possibilitarão aos leitores e avaliadores a oportunidade de socialização e interação. A web socializada continua a expandir em escala exponencial, enquanto os profissionais de marketing observam com admiração e retornam a fazer o que chega facilmente off-line na TV, funcionando ou não.

A diferença fundamental entre a marca no mundo externo e a **iBranding** no mundo da internet, composto de ilimitadas comunidades, é que é a pessoa quem opta, e não a marca, sendo isso o foco principal.

E que foco! Diferentemente de qualquer local físico – inclusive a mais poderosa arena de esportes –, o infinito espaço compartilhado é *ilimitado*. Não existe barreira para acessá-lo; o céu é o limite quando consideramos quantos podem visualizar um vídeo do YouTube ou um *tweet* provocante.

Um dos locais mais fáceis e, às vezes, mais desleais para escrever é a blogosfera, onde os profissionais de marketing reuniram os blogueiros mais prolíficos da internet.

Coca-Cola Conversations é um blog inteiramente voltado às coleções da Coca-Cola. A GM utiliza blogs em tópicos que variam desde design automotivo até tecnologias verdes para sair da falência. A Johnson & Johnson utiliza seu blog para trazer os clientes para as operações internas da empresa. Os funcionários da Southwest Airlines interagem com os clientes por meio do blog "Curiosidades sobre Southwest". Um dos blogs da Wells Fargo enfoca a história da empresa. Outro enfoca estudantes que buscam ajuda financeira. As possibilidades de compartilhar a história de sua empresa blogando na imensidão inexplorada da web são intermináveis.

O que você pode fazer para construir uma **iBrand** popular e interagir com centenas, milhares ou milhões de **iBrands** de cliente no "infinito espaço compartilhado" não tem limites. Tudo é possível. Basta apenas muita imaginação e o compromisso de gastar menos e produzir mais com as iniciativas **iDireto** centradas na internet.

Irrestrito. Inexplorado. Ilimitado. As características que definem o "infinito espaço compartilhado" criam um ambiente ideal para iniciativas inovadoras de marketing. É um campo de atuação que oferece aos profissionais de marketing um novo início e um cenário perfeito para criar uma comunidade amável e ousada que subsiste e prospera em comunhão com a **iBrand** da empresa.

Existem outras novas realidades perplexas confrontadas pelos profissionais de marketing E para E e E para C além daquelas que acabamos de examinar. Entretanto, se você começar a observar o mundo com novos olhos, aproveitar o fato de que os fornecedores externos geralmente conhecem mais, enfocam com a mesma importância tanto a tecnologia como o cliente, começam a desviar uma boa parte do orçamento dominado pela TV para as estratégias interativas on-line **iDireto** e patrocinam suas próprias **iBrands** do cliente, você realmente vai se beneficiar.

O que eu descrevi neste capítulo é apenas o princípio de um conceito inédito que quebra regras com o intuito de impulsionar os negócios diante das novas realidades perplexas. Este é um momento em que os profissionais de marketing possuem ferramentas inéditas incríveis para conduzir as pessoas na direção desejada. No entanto, o que os profissionais de marketing precisam aprender é que na era digital das relações individuais, as pessoas também atuam de forma surpreendentemente persuasiva, algo jamais observado no passado.

Capítulo

3

Alocação da Mídia na Era da Rede em Massa

Naturalmente, todas as formas de marketing e comunicação estão no ápice da transformação. A evidência nos cerca. O marketing direto, evoluindo ao longo de mais de 50 anos, está sendo duramente atingido pela revolução da internet. O rápido desenvolvimento da tecnologia interativa on-line tornou o marketing direto mais responsivo e relevante, desafiando os pressupostos básicos nos quais a maioria dos profissionais de marketing confiou por gerações[1].

O desafio não é apenas para o marketing direto tradicional. Ele está presente em todas as formas de comunicação em marketing. Quando os clientes conquistam o controle do mercado, as coisas devem mudar em todos os canais[2].

Este capítulo avalia as três transformações de marketing direto, explicando como a mudança das campanhas, praticadas quase exclusivamente por profissionais de marketing diretos, para o marketing direto pela maioria dos profissionais de marketing, pode ser o elemento-chave no mercado *push-pull*.

AS TRÊS TRANSFORMAÇÕES DO MARKETING DIRETO

O marketing direto acabou de entrar em sua terceira transformação. A princípio, ocorreu um processo extremamente básico de reunião entre um comprador e um vendedor em um local central. O *merchandise* estava na mão, o comprador podia examinar e formular perguntas, e o vendedor podia adaptar ou ajustar os termos da oferta. As transações eram imediatas e transparentes. O sistema básico ainda existe como um importante canal de marketing em muitas partes do mundo[3].

A primeira transformação do marketing direto ocorreu quando o mercado tornou-se mais complexo. Tal transformação foi motivada por formas bastante rudes de tecnologia, por exemplo, impressão e transporte em massa, o que viabilizou o marketing em uma escala anteriormente sem precedente. Essa transformação foi tipificada pelo surgimento de catálogos da Sears, Roebuck, Montgomery Ward e da Spiegel. Os clientes compravam diretamente do vendedor, embora por meio de materiais promocionais distribuídos em massa. Era uma atividade direta de vendedor para comprador, sem intermediários.

A década de 1970 presenciou a segunda transformação. A tecnologia digital, composta por computadores corporativos e sistemas de gestão de dados em fase inicial, possibilitou aos profissionais de marketing identificar e rastrear as compras do cliente pelo estoque ao longo do tempo por meio de um banco de dados. Isso unificou o varejo tradicional e direto. Alguns varejistas tornaram-se vendedores diretos pelo correio, tais como Neiman Marcus e Barnes & Noble, e alguns profissionais de marketing diretos tornaram-se varejistas localizados em lojas, tais como Land's End e Eddie Bauer. As décadas de 1980 e 1990 experienciaram o desenvolvimento das relações com o cliente a longo prazo por meio da gestão de relacionamento com o cliente (CRM – customer relationship management) e as estimativas de permanência do cliente, o que viabilizou novas tecnologias para muitos profissionais de marketing[4-5].

A terceira transformação teve início em meados dos anos 1990 com o surgimento da internet e da World Wide Web. O paradigma "cliente no controle", inicialmente motivado por clientes que utilizam os mecanismos de busca, tais como Google e Yahoo!, foi posteriormente fortalecido pela telefonia móvel e pela Web 2.0. Vídeo em *streaming*, *downloads* de música e avaliações dos clientes com relação à qualidade dos produtos e ao atendimento, assim como outras interações controladas pelo clientes tornaram-se corriqueiras. As mídias sociais, tais como YouTube, MySpace, Facebook e, agora o encantamento mais recente, o Twitter, rapidamente acompanharam a tendência. Todos possibilitam que os indivíduos criem, participem ou contribuam com suas próprias comunidades individualmente criadas – comunidades que os profissionais de marketing podem ou não ser convidados. Os clientes adoram o poder proporcionado pelas novas tecnologias, embora os profissionais de marketing julguem difícil avaliar a velocidade desconcertante da mudança e o relacionamento nivelado gerado a partir desses conceitos[6].

Essa terceira transformação reinventa essencialmente as disciplinas do marketing direto isolado e interativo para formar uma nova configuração: **iDireto** e **iBranding**. Este conceito inédito aproveita a capacidade de o marketing direto tradicional desenvolver a comunicação externa fundamentada em dados totalmente respeitáveis, e também reconhece a importância e o impacto dos sistemas de *pull* internos controlados pelo cliente, viabilizados pela conexão permanente da internet. O marketing direto e interativo agora passa a ser uma prática de marketing singular, que permite aos clientes participarem ativamente do processo, fazendo com que os profissionais de marketing reavaliem muitas crenças do passado.

O desenvolvimento do **iDireto**, que cada vez mais representa o canal de opção, em vez da mídia de massa tradicional, levanta algumas questões complicadas de marketing e comunicação. Agregamos todas as questões no termo: "marketing *push-pull*". Esses sistemas de entrada e saída, incluindo formas digitais e analógicas, constituem a nova realidade atual, e geralmente são inéditos para a maioria dos profissionais de marketing tradicionais e diretos.

O DESENVOLVIMENTO DOS MODELOS DE MARKETING PUSH-PULL

Tradicionalmente, a maioria da comunicação de marketing, particularmente a direta, tem se fundamentado na abordagem de saída. O profissional de marketing controlava e direcionava as mensagens de marketing a clientes pré-selecionados e prospectos, conforme mostrado no modelo básico de comunicação da mídia, observado na Figura 3.1. Esta abordagem foi utilizada, no mínimo, nos últimos 200 anos[7].

Figura 3.1 Modelo de comunicação de marketing de saída.

Nesse sistema de saída, o profissional de marketing sempre estava no controle, ou seja, determinando o produto ou serviço a ser vendido, o preço, o sistema de distribuição e as formas de comunicação distribuídas aos clientes e prospectos. Utilizando este conceito, os profissionais de marketing criaram o tão aclamado modelo de marketing 4Ps – produto, preço, praça e promoção – um conceito que se manteve inalterado durante mais de 60 anos.

O problema com o modelo é que os profissionais de marketing ao redor do mundo utilizavam o mesmo modelo e semelhantes ferramentas, e começaram a buscar o mesmo grupo de clientes e prospectos, do mesmo modo. Atualmente, os profissionais de marketing distribuem muito mais mensagens de marketing do que os clientes de fato conseguem absorver. O mercado da comunicação de marketing tornou-se tão confuso que os clientes criaram "escudos à comunicação" para limitar as incursões dos profissionais de marketing na sua vida (consulte a Figura 3.2).

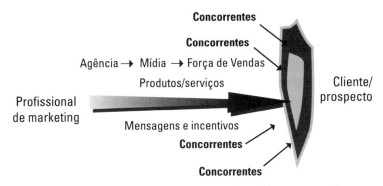

Figura 3.2 Modelo de comunicação de marketing de saída com escudo.

As listas "não ligue" ou "não contate" e as ferramentas mais sofisticadas, tais como TiVo, que deletam comerciais, são meramente sintomáticas do controle que atualmente os clientes exercem para tentar manter os profissionais de marketing intrusos fora de suas vidas.

Mesmo que os profissionais de marketing tradicionais de saída estivessem desenvolvendo ativamente modelos mais sofisticados de distribuição e saída para atravessar o escudo do cliente, as tecnologias digitais, tais como a internet, a World Wide Web, a telefonia móvel e outros sistemas interativos controlados pelo cliente, estavam crescendo. Esses sistemas digitais possibilitam ao cliente buscar e encontrar informações sobre produtos, serviços, mercados e os profissionais de marketing que o interessam, não simplesmente o que os profissionais de marketing sugerem ou escolhem para lhe apresentar. Portanto, saímos de um sistema estritamente externo para um novo sistema interno controlado individualmente, ou sistema *pull*, conforme mostrado na Figura 3.3.

Com a orientação de mecanismos de busca, tais como Google, Yahoo!, Ask e outros, os clientes agora podem "extrair" as informações de um *host* de fontes facilmente acessadas. Eles não dependem mais dos contextos criados pelos profissionais de marketing. Os clientes podem compartilhar informações e fazer suas próprias averiguações sobre o que eles querem e precisam. É este sistema *pull* controlado pelo cliente que atualmente compete e comumente domina o que a publicidade tradicional, promoção de vendas, relações públicas e profissionais de marketing diretos reivindicam sobre a marca – que os profissionais de marketing do sistema *push* têm empregado ao longo de décadas.

A Figura 3.3 ilustra o que aconteceu.

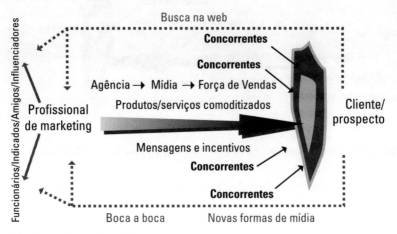

Figura 3.3 Mercado *push-pull*

Obviamente, o desafio atual dos profissionais de marketing é alinhar e integrar a comunicação externa e interna[8]. O interessante é que tanto *push* como *pull* podem ser canais diretos, mas isso depende de quem está no controle do sistema. Nos sistemas externos, o profissional de marketing geralmente está no controle. Com os sistemas internos, o cliente controla o que é vendido ou adquirido. Portanto, o planejamento mais tradicional de mídia, o foco no marketing direto, os eventos promocionais em massa etc., tornam-se menos eficientes. Os profissionais de marketing confusos lutam para lidar com a habilidade do cliente em selecionar e optar, averiguar e formular questões, desafiar e refutar o que os profissionais de marketing dizem. A maioria de nossos conceitos tradicionais de marketing, quer sejam em massa, focados ou até mesmo individualizados, estão sendo avaliados.

O que fazer?

DISTRIBUIÇÃO DA MÍDIA *VERSUS* CONSUMO DA MÍDIA

Os desafios com os quais a maioria dos gestores de comunicação de marketing se confronta atualmente parecem quase esmagadores. As novas tecnologias de mídia surgem diariamente.

Os antigos públicos da mídia se fragmentaram e tendem ao desaparecimento. O tempo dos clientes muda e passa a ser focado em multitarefas. As ferramentas tradicionais de planejamento, tais como custo da mídia em um alcance de mil clientes, o compartilhamento da frequência de voz e outras técnicas confiáveis estão sendo substituídas por cliques e alvo comportamental.

Com o cliente no controle, é o momento de reconsiderar o modelo. É o momento de começar a focar o angariamento de dados de consumo da mídia, ou seja, aprender quais formas de mídia os clientes estão utilizando e empregando em seus sistemas de comunicação. É o momento de determinar como os clientes estão realmente utilizando essas formas de mídia, em quais combinações e com qual frequência. Sendo assim, os profissionais de marketing possivelmente estão preparados para desenvolver modelos preditivos de consumo da mídia, conforme ilustrado na Figura 3.4[9]. Em resumo, os profissionais de marketing precisam gerar viabilização para o planejamento da mídia diretamente dos clientes.

O desafio, obviamente, consiste em obter os dados necessários para preencher um modelo de consumo da mídia. Felizmente, um novo sistema de pesquisa foi desenvolvido para realizar tal intento.

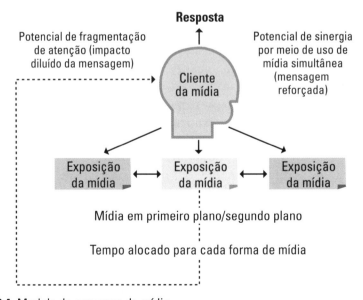

Figura 3.4 Modelo de consumo da mídia.

58 REDEFININDO MARKETING DIRETO INTERATIVO NA ERA DIGITAL

Uma consideração básica é que os clientes de hoje vivenciam o conceito "multitarefa da mídia" – utilizando mais de uma forma de entrada de mensagens ao mesmo tempo. Para lidar com essa situação, o profissional de marketing precisa saber quais formas de mídia os clientes estão usando, quando estas formas são aplicadas, quais estão sendo empregadas simultaneamente, e assim por diante. Para chegar a esta conclusão, a BIGresearch em Columbus, Ohio, iniciou em 2002 a coleta de dados sobre o uso da mídia do cliente. Os conjuntos de dados angariados são denominados "estudos de uso simultâneo da mídia". Os estudos sindicalizados sobre o uso simultâneo da mídia fornecem uma ferramenta para compreender a inter-relação do uso múltiplo da mídia. Em outubro de 2002, um artigo[10] no *Advertising Age* introduziu os dados do uso simultâneo da mídia ao mundo da publicidade. Na semana seguinte, Schultz e Pilotta realizaram a primeira apresentação pública sobre a nova tecnologia na conferência anual da Fundação da Pesquisa da Publicidade (ARF – Advertising Research Foundation).

Atualmente, os dados do uso simultâneo da mídia são angariados duas vezes ao ano por intermédio de um processo on-line opcional que emprega metodologias reconhecidas de pesquisa on-line. Utilizando um algoritmo de computador patenteado, as respostas geradas são classificadas pelas células da faixa etária de 14 anos em um censo com 2.000 norte-americanos. Esta abordagem assegura que cada amostra de uso simultâneo da mídia, geralmente consistindo de 15.000 a 17.000 respostas individuais, gera uma amostra com projeção em âmbito nacional da população norte-americana. O banco de dados atual contém mais de 200.000 respostas individuais. Esta percepção de dados possibilita, pela primeira vez, a análise longitudinal. O resultado consiste em informações muito mais valiosas e perspicazes do que os tradicionais estudos de uso da mídia.

Em cada estudo do uso simultâneo da mídia, os clientes descrevem seu uso entre 31 formas de mídias, abrangendo on-line e off-line, digital e analógica. Os estudos da Fundação de Pesquisa e Publicidade pela BIGresearch (www.bigresearch.com) fornecem os dados que utilizamos para revelar quais formas de mídia os clientes utilizam, quanto tempo é dedicado a cada uma delas, quais formas de mídia são acessadas conjuntamente, quanto cada forma de mídia influencia nas várias decisões de compra do produto, os planos existentes para as compras de produto ou serviço nos próximos seis meses etc.

As listagens de varejista favoritas dos clientes por categoria de produto e um conjunto de outros dados relevantes de marketing e mídia tornam-se disponíveis para análise.

O âmbito das medidas básicas de uso da mídia simultânea é mostrado na Tabela 3.1. Para construir essa matriz, observamos o volume de tempo que os clientes dedicam com cada forma de mídia em um dia comum (um dia = 24 horas de 60 minutos, totalizando 1.440 minutos). Utilizando este referencial e os relatórios fornecidos pelos clientes sobre quais formas de mídia foram utilizadas em quais combinações, foi possível construir esses tipos de análises para todo o mercado e, da mesma forma, para várias categorias de produto.

Por exemplo, a combinação de televisão e atividade on-line, na Tabela 3.1, mostra que, para todas as categorias de produto, quando os clientes afirmam que eles estão on-line, 37,5% declaram que também estão assistindo TV. Por outro lado, quando a pergunta é inversa, 26,2% afirmam que estão assistindo TV quando também estão on-line. Obviamente, eles estão fazendo a mesma coisa isoladamente; no entanto, existe uma diferença. Os clientes estão incorporando certas formas de mídia em seu âmbito de "primeiro plano" e conduzindo outras para seu âmbito de "segundo plano". Eles estão assistindo TV, mas estão monitorando seu sistema on-line, ou estão atuando on-line enquanto a televisão continua ao fundo.

Tabela 3.1 Tabela de Mídia Norte-Americana Meio Primário

	On-line	TV	Revista	Jornais	Mala direta	Telefone celular	Rádio
On-line		26,2	6,1	8,1	9,9	13,9	17,1
TV	37,5		20,2	24,1	21,4	14,9	8,0
Revista	7,0	10,3				5,0	8,3
Jornais	10,3	11,6				4,7	11,3
Mala direta	21,0	14,2				6,7	10,7
Rádio	21,7	3,8	11,8	12,6	12,2	11,7	

Fonte: BIGresearch, Inc., 1º trimestre de 2008.

60 REDEFININDO MARKETING DIRETO INTERATIVO NA ERA DIGITAL

É este novo tipo de *insight* de mídia que pode transformar o modo como os profissionais de marketing pensam sobre onde investir os recursos financeiros do orçamento.

Um exemplo do modo pelo qual os estudos de consumo da mídia do cliente podem ser utilizados para desenvolver planos de mídia para o mercado *push-pull* é descrito a seguir.

CRIAÇÃO DE MODELOS PREDITIVOS

Identificar o consumo da mídia do cliente obviamente possibilita que os profissionais de marketing desenvolvam modelos preditivos de mídia. Conhecer quais formas de mídia os clientes utilizam e como eles as utilizam por categoria de produto possibilita o desenvolvimento de abordagens mais eficientes de alocação de mídia.

Tradicionalmente, o marketing direto tem sido um dos poucos métodos de comunicação que possibilita aos profissionais de marketing desenvolverem investimento preditivo e modelos de retorno. Infelizmente, estes modelos têm se limitado às abordagens usuais diretas de marketing direto, ou seja, mala direta, e-mail, e assim por diante. O desenvolvimento de modelos de retorno sobre o investimento (ROI – Return on Investment) é extremamente complicado de ser administrado, em razão da crescente gama de formas de mídia, principalmente quando novas mídias interativas são incluídas. Os dados do uso simultâneo da mídia ajudam a solucionar alguns dos problemas que surgem.

O argumento para o modelo de consumo da mídia em vez do modelo de distribuição da mídia é bastante simples. Se o profissional de marketing sabe qual forma ou formas de mídia os clientes usam, a frequência com a qual eles utilizam cada uma delas (tempo alocado), quais formas de mídia eles utilizam em quais combinações e categorias de produto, e sabe quais formas de mídia esses mesmos clientes afirmam exercer a maior influência em suas decisões de compra, é possível desenvolver modelos relativamente precisos de investimento em mídia preditiva para alocações futuras.

Outro elemento-chave fornecido pelos dados do uso simultâneo da mídia é a informação que os participantes fornecem em suas futuras intenções de compra. Os participantes do uso simultâneo da mídia são questionados se planejam comprar uma série de produtos importantes para os clientes – automóveis, joias, computadores etc. – nos próximos seis meses.

Com seis anos de dados e a disponibilidade de números significativos, utilizando os dados do uso simultâneo da mídia, estamos aptos a desenvolver modelos preditivos de mídia e alinhá-los ao intento do cliente.

O exemplo mostrado na Tabela 3.2 foi elaborado utilizando os dados do uso simultâneo da mídia em junho de 2008. Nesse período, aproximadamente 15% dos participantes afirmaram que estavam planejando comprar um computador nos próximos seis meses. O intuito da compra foi, portanto, associado à influência da mídia para estabelecer a comparação mostrada na Tabela 3.2.

A tabela relaciona as formas de mídia classificadas por ordem de importância, ou seja, pela influência que os clientes afirmam que a forma da mídia exerce em suas decisões de compra em relação à categoria de compra. Conforme mostrado, os participantes afirmaram que os cupons exercem grande influência em uma futura decisão de compra do computador. A seguir, surgem as inserções (no jornal *Sunday*) e, posteriormente, os jornais tradicionais, seguidos pela televisão etc.

Observe que apenas os 13 itens do topo das 31 formas de mídia obtidas nos estudos do uso simultâneo da mídia são mostrados para conveniência.

Mais importante do que a simples classificação das formas de mídia são as diferenças entre aqueles que planejam comprar um computador nos próximos seis meses e aqueles que não pretendem realizar a compra. A coluna do "não" contém clientes que afirmam que não têm intenção de comprar um computador nos próximos seis meses. A coluna do "sim" contém os clientes que planejam realizar a compra do computador. É interessante observar que aqueles que planejam a compra possuem uma incidência mais abrangente de uso da mídia em relação àqueles que não pretendem efetuar a aquisição. Obviamente, esses clientes estão em um modo de busca. A consciência desse fato possibilita aos profissionais de marketing desenvolver a mensagem correta para seus programas promo-

62 REDEFININDO MARKETING DIRETO INTERATIVO NA ERA DIGITAL

Tabela 3.2 Intenção de compra e influência da mídia
Você planeja comprar um computador nos próximos seis meses?
Sim – 84,81%   Não – 15,19%

	Não (%)	Sim (%)	Total (%)
Cupons	26,8	31,0	27,4
Inserções	20,6	25,0	21,3
Jornais	19,8	24,7	20,5
TV	19,2	26,8	20,3
Na loja	18,3	23,3	19,1
Direto	18,2	23,1	18,9
Revistas	15,6	22,7	16,7
Cabo	12,3	19,3	13,3
Rádio	11,7	18,5	12,7
Internet	10,6	19,3	11,9
E-mail	10,4	16,8	11,4
Páginas Amarelas	6,5	10,5	7,1
Outdoor	6,3	11,0	7,0

cionais. A coluna "total" é a média de todos aqueles que responderam à questão nesta tendência específica do uso simultâneo da mídia.

Foi realizada uma análise com o CHAID (detector automático de interação baseado em qui-quadrado) fundamentada na influência da mídia. CHAID é uma conhecida técnica estatística de marketing direto que cria uma "árvore" analítica selecionando a variável inicial mais importante e segmentando-a nos elementos que criaram aquela variável. O algoritmo continua a análise até que o conjunto de variáveis se esgote ou que o resultado não seja relevante. A análise CHAID para a categoria de computador dos dados do uso simultâneo da mídia é mostrada na Figura 3.5.

Conforme mostra o topo da Figura 3.5, 14,9% dos participantes do estudo do uso simultâneo da mídia planejam comprar um computador nos próximos seis meses. Os fatores de influência da mídia em relação a esses participantes foram agrupados em "alto", "baixo" e "não". Neste exemplo, o mercado total pode ser identificado inicialmente por dois grupos de participantes do uso simultâneo da mídia – aqueles que afirmaram que a internet tem influência sobre a decisão de compra e que tal influência seria alta ou baixa. A internet teria pouca ou nenhuma influência sobre a decisão do terceiro grupo.

Conduzindo a análise ao próximo nível, aqueles que afirmaram que a internet teria uma forte influência sobre a decisão de compra do computador podem ser separados em dois grupos – aqueles que afirmaram que as revistas teriam uma forte influência sobre a decisão de compra (revista – alto) e aqueles que afirmaram que as revistas teriam uma influência limitada (revista – baixo). Prosseguindo para a próxima etapa, aqueles que relataram uma forte influência da revista podem ser posteriormente separados em dois grupos: e-mail (alto) e e-mail (baixo). (Nota: a árvore CHAID ilustrada foi "compactada". Ou seja, nem todas as interações e derivativas foram diagramadas).

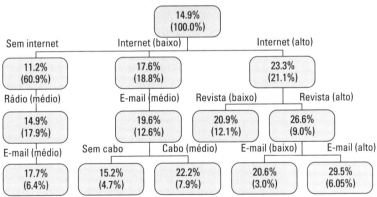

Figura 3.5 Árvore CHAID compactada.

Ao observar o resultado do modelo, um profissional de marketing consegue facilmente constatar que as formas mais eficientes de mídia para concretizar as compras em perspectiva nos próximos seis meses seriam a internet, revistas e e-mail. Portanto, os profissionais de marketing não devem atribuir grande consideração à TV a cabo ou ao rádio com base na pouca influência registrada pelo painel do uso simultâneo da mídia.

Este simples exemplo ilustra os conceitos mais sofisticados disponíveis atualmente aos profissionais de marketing na alocação dos recursos da mídia.

Avanços como o uso simultâneo da mídia possibilitam ao planejador considerar as combinações on-line e off-line, digital e analógica, e todas as outras combinações nas formas de mídia encontradas nos dados. Em resumo, este é um novo caminho por meio do qual os profissionais de marketing e suas agências podem compreender o mercado *push-pull* atual e futuro.

UM PASSO À FRENTE

Os desafios propostos pelo mercado *push-pull* estão apenas começando. À medida que os clientes obtêm mais controle da conversação interativa, torna-se cada vez mais óbvio que o **iDireto** e sua prática associada, **iBranding**, tornarão os clientes uma parte do programa global de marketing. Os profissionais de marketing não têm mais a expectativa de manipular ou até mesmo conduzir o comportamento dos clientes. Pelo contrário, o marketing passou a ser, atualmente, um processo recíproco no qual os profissionais de marketing e os clientes se unem para gerar benefício mútuo. Os profissionais de marketing devem atribuir valor real aos clientes, e os clientes devem compartilhar informações que possibilitem aos profissionais de marketing criar soluções que se adéquem às suas necessidades. Essa reciprocidade realmente sintetiza o mercado *push-pull* em seu surgimento e evolução com o passar do tempo. É somente com o **iDireto**, uma mentalidade de marketing direto que engloba a competência da Web 2.0, que os profissionais de marketing podem obter o melhor retorno para seu orçamento de mídia. Entretanto, para criar essa reciprocidade, os profissionais de marketing devem utilizar novos conceitos, metodologias, ferramentas e a analítica. Nossa análise dos dados do uso simultâneo da mídia sugere que:

O conhecimento do consumo da mídia do cliente e o modo pelo qual este consumo ocorre é um fator fundamental. Isso substitui o antigo pensamento de que a distribuição da mensagem é mais importante do que o meio pelo qual as mensagens são acessadas e consumidas por meio do mercado. As formas de mídia nas quais os clientes dedicam a maior parte do tempo são notoriamente aquelas que os clientes consideram mais importantes.

Os tipos de mídia utilizados conjuntamente e em quais combinações são fundamentais. Nenhum profissional de marketing pode avançar utilizando apenas uma forma de mídia, visto que alguns clientes limitam seus acessos à mídia a uma única forma.

É essencial que os profissionais de marketing tenham conhecimento das formas de mídia que estão sendo utilizadas pelos clientes, isolada e simultaneamente, e quais combinações produzem os melhores resultados.

A influência da mídia é um novo meio para avaliar o mercado *push-pull*. Somente os clientes sabem quais formas de mídia eles confiam e acreditam – e, mais importante, consomem. A influência avaliada pode tornar-se o novo fator determinante para o profissional de marketing *push-pull*.

A sinergia da mídia surge como um novo desafio para os profissionais de marketing, suas agências e organizações da mídia. Até que novos recursos sejam adotados para estimar ou calcular a sinergia entre as formas de mídia, haverá um desgaste do marketing. Este possivelmente é o maior desafio no mercado *push-pull*. Encontrar uma solução resultará em melhoria significativa no retorno sobre todos os investimentos dos profissionais de marketing.

O surgimento de um mercado *push-pull* gera oportunidades inéditas e extraordinárias para todos os profissionais de marketing, principalmente para aqueles historicamente envolvidos no marketing direto e para os profissionais de marketing que atualmente comercializam diretamente na web. Se os profissionais de marketing puderem dar um passo para trás, repensar e remodelar o modo pelo qual as práticas de marketing direto podem ajustar-se mais adequadamente às incríveis oportunidades de sincronia com o cliente, oferecidas pela internet (conforme demonstram os modelos **iDireto** e **iBranding** apresentados neste livro), nós presenciaremos a maior transformação da eficácia do marketing. Contudo, este sucesso está atrelado à atuação dos profissionais de marketing.

Notas

1. Schultz, D. E., e H. F. Schultz, *IMC: The Next Generation.* Nova York: McGraw-Hill, 2004.

2. Schultz, D. E., e M. P. Block, *Media Generations.* Worthington, OH: BIGresearch, 2008.

3. Stone, B., e R. Jacobs, *Successful Direct Marketing Methods*, 8ª edição. Columbus, OH: McGraw-Hill, 2007.

4. Nash, E., *Direct Marketing: Strategy, Planning, Execution*, 4ª edição. Columbus, OH: McGraw-Hill, 2000.

5. Shepard, D., *The New Direct Marketing*: *How to Implement a Profit-driven Database Marketing Strategy.* Homewood, IL Business One Irwin, 1990.

6. Schultz e Block, *Media Generations.*

7. Sissors, J., e L. Bumba, *Advertising Media Planning*, 5ª edição. Lincolnwood, IL: NTC Publishing, 1996.

8. Schultz, D. E., B. E. Barnes, H. F. Schultz, e M. Azzaro, *Building Customer-Brand Relationships.* Armonk, NY: M;E. Sharpe, 2009.

9. Schultz, D. E., e J. J. Pilotta, "Developing the Foundation for a New Approach to Understanding How Media Advertising Works", dissertação apresentada na Conferência ESOMAR WAM, Genebra, Suíça, 2004.

10. Cuneo, Alice, "Simultaneous Media Use Rifle, New Study Finds", *Advertising Age*, 7 de outubro de 2002.

Capítulo

4

Alcançar o Emocional com a Nova Publicidade iDTV

"Respire ar puro em cada tragada" de um cigarro Salem.

É difícil acreditar que nos primórdios da televisão existiam anúncios como este, que exaltam o deleite de fumar. Se você visualizá-los no YouTube, você conseguirá compreender como uma geração anterior foi persuadida de que fumar era bom e divertido.

Desde então, percorremos um longo caminho – quando a maioria da publicidade conduzia seu foco emocional em uma direção, desde as "criações" na agência até o cliente na frente da tela da TV. A publicidade de sentido único abriu as portas para a era do marketing em massa, conduzida por marcas que associavam as emoções do cliente com o bombardeamento cada vez maior de mensagens publicitárias.

Reavaliando sob a perspectiva do século XXI, esta abordagem de sentido único parece ser mais uma manipulação do que uma conexão real.

Em nosso mundo digital, é evidente que a abordagem de sentido único descendente não se adequa ao molde on-line em que blogs, Facebook,

MySpace, Twitter, IM, e-mail etc. viabilizam a mensagem em sentido duplo em tempo real, e a possibilidade de ter conteúdo e opiniões geradas pelo usuário divulgadas para centenas, milhares e até mesmo milhões de pessoas em questão de segundos.

Entretanto, o que não é óbvio é como os anunciantes de rede e de TV a cabo reagirão, agora que a maioria de sua audiência dedica mais tempo emocionalmente envolvido na frente da tela do computador do que na frente da TV. Os clientes viciados à intensa rede social, blogando sobre um assunto importante para o blogueiro e clicando em um ciclo de 24 horas de notícias, são resistentes ao usual conteúdo apático e sem emoção oferecido por muitas criações atuais nas agências.

Em vez de se preparar para a ocasião, a Madison Avenue está caminhando no sentido oposto. Recentemente, ao revisar uma série de titubeadas dos diretores, constatei que poucos comerciais oferecem um momento de emoção real que produz uma interação real entre a marca e o espectador. Atualmente, toda publicidade, independentemente da forma ou função, deve conter emoção para envolver o cliente. Por "envolver" quero dizer conduzir diretamente a ações que geram aumento nas vendas, pois todos os anúncios – quer eles façam o cliente rir ou chorar, ou alguma emoção que se assemelhe – são projetados para fazer uma coisa: *vender o produto*.

Portanto, quando eu falo em criar vínculos emocionais no anúncio não é só porque eu acho que é a coisa certa a ser feita (o que de fato eu acho). É porque é o meio mais perspicaz e eficiente de vender algo. O comprometimento emocional intensifica a receptividade da mensagem que você quer transmitir. E eu tenho os números que comprovam isso.

Quando iniciei minha agência de publicidade em meados da década de 1980, a resposta direta (DR – direct response) foi a especialidade mais antiquada que alguém poderia escolher. Lembro-me de nosso primeiro prêmio conquistado por uma campanha produzida para a 1-800-DENTIST. O troféu foi um aparelho de telefone montado em uma base e pintado com tinta spray dourada. Quando eu segurei o troféu, a tinta dourada estava literalmente viscosa ao toque. Naquela época, foi a metáfora perfeita para a indústria.

De volta aos anos 1980, os "garotos da marca" eram os legais, os "artistas" criativos. A equipe da resposta direta esmagava os números. Eu não consegui persuadir diretores verdadeiramente talentosos e criativos a se submeterem à atuação em uma agência de marketing direto, independentemente da quantia de dinheiro oferecida. Eles queriam fazer o trabalho importante, o negócio que produz marcas, o negócio que conquistou prêmios em Cannes. E olhando para baixo de seus pedestais, qualquer publicidade com um visível entusiasmo para ação que estivesse incumbida de motivar uma resposta possivelmente não conseguiria produzir marcas.

Sendo assim, a resposta direta era um recurso que contava com a geração de *um impulso* para comprar um dispositivo ou um aparelho milagroso, ou convencer alguém de fazer uma assinatura. A resposta direta não era o reino da marca. E não era o reino de uma emoção mais forte. Era o reino dos impulsos básicos: sexo, gula, vaidade. Os comerciais de TV ou os anúncios na mídia impressa eram fundamentados em uma fórmula que conduzia ao fechamento da venda no próprio anúncio – para os telefones tocarem, para "agir agora".

Foi o que aconteceu.

Mais recentemente, tanto a marca quanto a resposta direta têm buscado o meio-termo. Ao vivenciar a mensurabilidade em suas campanhas on-line, os anunciantes da marca querem cada vez mais a atuação do marketing direto em sua tradicional publicidade da marca. No entanto, os adeptos da resposta direta atualmente sabem o valor de ir além das ligações grátis para o valor de criar uma marca que inspira confiança e lealdade. É possível obter o melhor da marca e da resposta direta com o reconhecimento do **iDireto** da internet como o ponto central do universo do marketing do século XXI.

Atualmente, se você quiser se conectar com o cliente, há apenas um lugar para estar – e este lugar é on-line. A tarefa mais importante da publicidade é estabelecer uma conexão emocional que pegue o cliente pelas mãos e o conduza a uma experiência on-line interativa e relevante. Este é o lugar onde nada e tudo são possíveis para agregar valor ao relacionamento. Seja um comercial de TV, seja um anúncio impresso, se ele não

70 REDEFININDO MARKETING DIRETO INTERATIVO NA ERA DIGITAL

apresentar uma motivação significativa para visitar o endereço da web do anunciante, pelo menos metade do investimento orçado é desperdiçado.

A internet é o destino mais importante de publicidade de resposta direta da era digital. Os profissionais de marketing que adotam os imperativos do **marketing iDireto** agora alcançam a resposta em ambos os sentidos. É possível criar publicidade positiva de retorno sobre o investimento que constrói marcas que gerem resultados respeitáveis.

A resposta pode ser administrada off-line em um *call center* ou em um endereço da web que ao longo do tempo conclua uma venda em comércio eletrônico, gera uma liderança na qualidade para o profissional de marketing E para E ou um cupom na loja para o profissional de marketing E para C. Esqueça o DRTV! É o momento no qual Stan Rapp e eu denominamos iDTV – um dos componentes-chave das estratégias mais eficientes de **iDireto**.

O "i" significa estimular a navegação, envolvimento, influência e interatividade na internet.

O "D" significa a confiabilidade do marketing direto e o valor vitalício.

A "TV" significa comerciais de TV de 60, 30 e 15 segundos.

A primeira regra da publicidade iDTV é que o comercial tenha um recurso que conduza os espectadores-alvo a uma experiência na internet que gere dados. O comercial iDTV, com ênfase na **iBranding**, assim como o estímulo à resposta, aplica-se a qualquer profissional de marketing que queira um relacionamento direto com os usuários finais de seus produtos ou serviços, e não apenas para os profissionais de marketing diretos. Não há requisito para agilizar uma transação imediata, como ocorre com DRTV; você precisa apenas criar *envolvimento* com o prospecto ou cliente, e iniciar uma conversação ou atividade **iDireto** (consulte o Capítulo 10: Conversação: o que é mais importante para os profissionais de marketing agora).

Uma nova geração de criadores experts em tecnologia está pronta para projetar uma interatividade brilhante, uma vez que você dispõe dos endereços web escolhidos. A tríade interesse-envolvimento-interatividade pode viabilizar uma conexão emocional que se traduz em um valor agregado da vida útil e adeptos da marca que digitalmente se expressam a seu favor.

O LABORATÓRIO DE TESTE DA SUPER BOWL

Em 2008, uma série de anunciantes nos forneceram alguns exemplos importantes de como utilizar a TV para conduzir os espectadores para a web e estabelecer conexões duradouras com clientes potenciais.

Dois anúncios iDTV da Hyundai no terceiro trimestre induziram compradores potenciais ao *website* do profissional de marketing, hyundaigenesis.com. Os anúncios produziram efeito – 300.000 pessoas foram para o *site* durante o jogo, gerando US$ 25.000,00 em vendas, que a empresa transformou em receita pura e novos relacionamentos graças ao uso eficiente da interatividade por e-mail.

- O anúncio "Conversando com o bebê", da E Trade, gerou um súbito aumento de 32% em contas recentemente abertas uma semana após o Super Bowl. As buscas on-line pela marca cresceram 1.000% de uma hora antes do jogo até uma hora após o jogo.

- A Audi, com uma oferta iDTV, observou seu tráfego on-line subir 200% em 30 dias após o jogo – um adicional expressivo, quando mais de 80% dos compradores de carros compraram on-line pela primeira vez.

- A CareerBuilder observou um salto de 68% nos aplicativos de tarefas nos três primeiros meses após o jogo.

Pense nisso! Todos os outros anunciantes que persistiram com a usual miscelânea da Super Bowl de um anúncio simples de uma marca antiga com conexões emocionais falhas e sem estímulo à ação para resposta direta perderam US$ 2,7 milhões em cada anúncio (mais de US$ 120 milhões no total). Este não é apenas o meu ponto de vista. Aqui está o que Bob Garfield declarou no *Advertising Age*: "No melhor dia, os profissionais de marketing e as agências produziram uma equipe fraca. Se isso supostamente representa o melhor que a Madison Avenue tem a oferecer, os perdedores

72 REDEFININDO MARKETING DIRETO INTERATIVO NA ERA DIGITAL

não ficaram confinados ao jogo de futebol." Um ano depois, em 2009, na Super Bowl, foi a mesma história. Nessa ocasião, US$ 200 milhões foram desperdiçados no esquecido (se é que foi notado) "*nonvertising*". Isso foi o que Stuart Elliot afirmou sobre o assunto no *New York Times*: "Os americanos estão decepcionados e atemorizados com os bancos da Wall Street, consultores de investimento, Detroit, gestores do Fundo de Garantia, e com os governadores de pelos dois estados... Após o *Sunday*, você poderia incluir o anúncio da Super Bowl à extensa lista de desapontamentos." Por que o anúncio de TV que direciona as pessoas certas à conexão on-line adequada resulta em vendas, conforme comprovaram os vencedores da iDTV Super Bowl em 2008 e 2009? A resposta está na nova realidade que seus clientes vivenciam na vida digital alternativa:

- com amigos – em sites sociais como Facebook, MySpace e Twitter;

- com compras – utilizando fóruns, blogs, mecanismos de busca, sites de atribuição de preços para comparação, e pesquisa sobre índices de audiência baseadas na experiência do usuário;

- com marcas – por meio de sites, serviço de atendimento ao cliente via *chat* ao vivo, gestão de conta on-line, *newsletters* em e-mails, cupons on-line, programas de recompensa e inúmeras formas.

A interatividade subjetiva da internet – a facilidade de criar envolvimento digital – propicia aos anunciantes uma oportunidade de promover relações muito mais profundas com os clientes e potenciais clientes do que anteriormente.

O tradicional DRTV é um veículo baseado em impulso cujo intuito é promover o fechamento de uma venda. Portanto, são necessários formatos de meia hora e dois minutos como o esteio de sua comunicação criativa. Por outro lado, os novos comerciais iDTV possibilitam um formato muito mais reduzido de 60, 30, 15 e até mesmo 10 segundos. Lembre-se de que tudo o que estamos fazendo nesses anúncios é gerar envolvimento suficiente para estimular interação na internet.

Na verdade, com o modelo iDTV, quanto mais reduzido o formato, maior a eficiência. Isso não quer dizer que uma marca possa ser bem-sucedida com comerciais de apenas 10 segundos. Geralmente, ocorre uma eficiente mescla de anúncios de 30 e 15 segundos, antes que um anúncio de 10 segundos seja produzido. No entanto, constatamos a tempo que os anunciantes iDTV podem atingir um elevado índice de eficiência com 15 segundos e até mesmo 10 segundos. Não precisamos mais de meia hora ou 2 minutos para fazer um anúncio em conformidade com a norma DRTV.

Como a iDTV faz com que os anunciantes de marcas tradicionais gerem resultados positivos no retorno sobre o investimento, ela também passará a ser a nova forma de anúncio de consolidação da marca. Criar e ressaltar uma marca na atual economia começa com a edificação de um relacionamento interativo satisfatório com clientes potenciais on-line. Tal relacionamento pode abranger muito mais do que os atributos do produto ou serviço a ser vendido. Uma das razões mais importantes para que um profissional de marketing adote a estratégia de **marketing iDireto** e crie uma **iBrand** é a eficiência e a eficácia do anúncio iDTV e do anúncio iDPM (a versão da mídia impressa para resposta direta).

O ELEMENTO ESSENCIAL – EMOÇÃO QUE PROMOVE CONEXÃO REAL

Como você faz para que uma conexão emocional resulte em um relacionamento interativo bem-sucedido que inspire as vendas? Você precisa conhecer seus clientes e saber a razão pela qual eles compram seus produtos ou utilizam seus serviços. Nesse caso, os analistas de números ficam entusiasmados, pois eles atribuíram como sua missão angariar dados elucidativos on-line e off-line sobre o cliente.

Entretanto, a análise da demografia, padrões de gasto e até mesmo de hábitos de navegação on-line não representam o fator decisivo para o êxito. No novo paradigma de **marketing iDireto**, esta análise é insuficiente quando os anunciantes – sim, inclusive aqueles instruídos na ciência da avaliação da resposta direta – mantêm os dados retidos no hemisfério esquerdo do cérebro, ignorando, por outro lado, o hemisfério direito centrado no coração.

Pare de pensar sobre os dados do cliente como números ou informações imparciais não relacionadas a um componente emocional. As indústrias da hipoteca e automobilística não revelam escassez de dados sobre seus clientes. O mesmo ocorre com o setor bancário. Eles estão repletos de dados, e não notaram o que o mercado estava revelando-lhes. Se a emoção é o que determina a preferência pela marca, como os profissionais de marketing sabem desde os primeiros anúncios de cigarro, então por que temos a tendência de enxergar os dados por lentes desprovidas de emoção?

No centro do novo **marketing iDireto** descrito na Introdução deste livro está a convicção do hemisfério esquerdo do cérebro da abordagem e responsabilidade envolvidas na inteligência intuitiva do hemisfério direito, do que está no coração do cliente. Com uma conexão emocional confiante entre o profissional de marketing e o cliente, você se surpreenderá com o que será revelado on-line. Com este conhecimento, a conexão que você pode fazer na TV, em menos de um minuto, com futuros clientes não parece tão surpreendente ou esotérica.

Observemos duas empresas que identificaram com êxito o ponto no qual elas podem fazer uma conexão emocional autêntica com clientes potenciais e utilizaram iDTV para gerar prospectos on-line e envolvê-los em um relacionamento interativo.

A eHarmony: o poder da amabilidade

Uma das pioneiras da publicidade iDTV é a eHarmony, uma empresa que construiu toda a equidade de sua marca utilizando o canal de resposta direta e rompendo a maioria dos dogmas do DRTV.

A geração da primeira resposta direta da empresa ocorre no nível mais básico: a promessa da marca. Ela não o tornará mais magro, mais rico ou mais sensual. A eHarmony promete o prêmio mais valioso na hierarquia emocional – amor. Enquanto este livro estava sendo redigido, uma média de 236 pessoas que se conheceram por intermédio da eHarmony casam-se *diariamente*. Isso representa 2% de todos os casamentos ocorridos em um ano nos Estados Unidos. Como a eHarmony atingiu este nível de sucesso? Construindo uma marca na qual as pessoas confiam.

O fundador da eHarmony, Dr. Neil Clark Warren, acreditava que a empresa precisava compreender as pessoas o mais profundamente possível para associá-las favoravelmente. Então, ele e sua equipe de pesquisadores desenvolveram um perfil de personalidade com 450 questões que investiga cada aspecto da vida do membro prospectivo – desde princípios básicos sobre espiritualidade até atitudes com relação a sexo e dinheiro.

O mais surpreendente é que o Dr. Warren sentiu que seria muito importante solicitar aos prospectos que respondessem às 450 questões antes mesmo de considerar a cobrança pelo serviço. Nesse momento, o intercâmbio dessas informações extremamente pessoais entre a empresa e o cliente era desconhecido. Quem confiaria suficientemente em uma empresa para responder a tantas perguntas pessoais em um site antes de realizar uma compra? Até agora, 20 milhões de pessoas fizeram isso. E isso foi promovido pelo anúncio iDTV altamente emocional que convida homens e mulheres a se cadastrarem no eHarmony.com, e iniciarem o processo de preenchimento do questionário detalhado.

Especialistas em publicidade e marketing on-line tiraram sarro quando o Dr. Warren disse que desejava que as pessoas respondessem às 450 questões antes de finalizar a transação. "Ninguém vai responder a todas as questões. É muito pessoal, é muito longo, e vai contra tudo que conhecemos sobre colocar barreiras antes da conclusão." Naquele momento, esta foi a admoestação prevalecente dos profissionais de marketing on-line e dos tradicionais profissionais de marketing diretos.

No entanto, adivinhe o que aconteceu. Os prognosticadores estavam errados. As pessoas abriram seu coração naquele questionário. E, atualmente, milhares delas continuam fazendo isso.

Com muita frequência, as empresas deixam passar a oportunidade de envolver seus clientes em um relacionamento interativo, pois elas temem espantar aqueles clientes potenciais. Entretanto, se a sua publicidade e a sua equipe de atendimento ao cliente produzirem a impressão adequada, você conquistará confiança e as pessoas lhe informarão quase tudo. Na verdade, elas desejam fazer isso e, por outro lado, esperam receber valor real. No entanto, você precisa conquistar isso. E você precisa estar pronto para ouvir o que as pessoas têm a dizer. Você precisa se dedicar e evidenciar esta atitude de dedicação em sua publicidade. O Dr. Warren se dedica profundamente aos seus clientes, e tudo o que ele criou na empresa reflete esta dedicação autêntica.

Existem poucas coisas mais poderosas na vida do que o sentimento de dedicação. E nada promove lealdade maior com a marca. Assista aos comerciais da eHarmony. A eHarmony produziu sua marca fundamentada nos testemunhos de casais reais que representam a personificação desse tipo de lealdade com a marca. Tive o privilégio de atuar na publicidade da eHarmony desde seu primeiro comercial de televisão. Como parte do nosso processo de formação do elenco, solicitamos aos casais da eHarmony que nos enviassem vídeos domésticos narrando suas histórias na eHarmony. É impressionante observar o empenho desses maravilhosos casais para filmarem a si próprios, editarem o trabalho, inserir música e enviar o vídeo para a eHarmony. Por que eles se dedicaram tanto? Porque eles sentiram que a eHarmony se importa com eles e cumpriu sua promessa como marca.

Ao combinar o melhor da produção da marca com o melhor da resposta direta, a eHarmony tornou-se mais confiável na categoria de namoro on-line. E como o comercial na TV foi positivo no retorno sobre o investimento, a eHarmony conseguiu, inicialmente, superar o concorrente em 2 a 1. O talento para reinvestir com lucratividade em sua publicidade, uma indicação de legitimidade da iDTV, foi o que deu à empresa posição segura em uma das categorias on-line mais impetuosamente contestadas. Essa posição segura conduziu rapidamente à posição de liderança que a empresa ocupa hoje.

De acordo com um estudo independente realizado pela Rosetta Marketing Strategies, a eHarmony tornou-se líder na categoria virtual em cada métrica da marca – confiança, segurança, compatibilidade equilibrada, processo científico, seleção rigorosa e casamentos mais felizes.

Para que não fique muito melindrosa, a métrica da marca eHarmony transforma-se em recursos financeiros. Em um período bastante curto, a agência de casamentos mais confiável da internet faturou mais no mercado do que suas duas principais concorrentes.

LegalZoom: a força da história para criar conexões emocionais

Você pode estar pensando: que bom para a eHarmony. Entretanto, é possível que o alto grau de lealdade e confiança conquistado pela eHarmony se aplique a um anunciante que oferece um serviço com muito menos engajamento emocional? Sim, é possível. E a razão disso é: se você oferece um produto ou serviço, on-line ou off-line, você tem como objetivo satisfazer uma necessidade emocional de alguém. Uma vez que você tenha identificado e assimilado tal necessidade, você está apto a conduzir os compradores on-line e envolvê-los em um relacionamento com sua marca.

Se você não estiver convicto sobre qual é exatamente a necessidade, simplesmente pergunte. Há possibilidade de uma ligação entre o seu produto ou serviço e uma emoção positiva ou um problema específico que esteja causando ansiedade nos clientes. Você consegue amenizar os receios de seus clientes com relação a uma economia assustadora? Você consegue facilitar seus trabalhos? Você consegue ajudá-los a competir contra empresas maiores e mais estabilizadas? Seja qual for o seu produto ou serviço real, é muito provável que exista uma necessidade emocional impelindo o desejo para seu produto ou serviço.

Com isso, segue um exemplo de uma empresa que aparentemente estaria distante do tipo de envolvimento emocional que um *site* de namoro pode oferecer. É a LegalZoom, uma empresa de comércio eletrônico que ajuda as pessoas a elaborarem documentos pessoais, legais ou comerciais, tais como testamentos ou incorporações comerciais. A LegalZoom aborda temas áridos e tediosos. Estes são os serviços prestados pela LegalZoom, certo?

Como uma empresa nesta categoria árida promove uma conexão emocional poderosa?

A LegalZoom ajuda as pessoas a economizarem tempo e dinheiro, e se incumbe de tarefas que provavelmente ninguém desejaria fazer. Não há muito entusiasmo nisso. Aprofunde sua análise, e você descobrirá que preparar documentos pessoais, legais e comerciais pode ser uma experiência dispendiosa e frustrante. Por essa razão, de acordo com a LegalZoom, qua-

78 REDEFININDO MARKETING DIRETO INTERATIVO NA ERA DIGITAL

se 70% dos americanos não têm disposição, e muitas pessoas que tentam organizar seus documentos legais cometem erros.

Portanto, a LegalZoom auxilia as pessoas a superarem a frustração e provavelmente o temor e, da mesma forma, contribui para que as pessoas não cometam erros que poderiam ser dispendiosos. O problema é que as pessoas não querem ser lembradas em decorrência de suas falhas, principalmente na publicidade. Se eu não tenho um extintor de incêndio, eu não quero ouvir falar sobre as terríveis consequências se eu não comprar um extintor hoje. Pelo contrário, quero evitar totalmente o assunto.

É o momento de ir mais fundo. Onde está a conexão emocional associada aos tediosos assuntos legais? As pessoas simplesmente não fazem um testamento; elas protegem sua família. Elas não obtêm simplesmente uma patente provisória, elas lançam um sonho. Proteger uma grande ideia, iniciar um negócio – de repente, todas estas coisas tornam-se possíveis com a assistência legal adequada.

Isso é o que a empresa avalia em seus anúncios de TV. A campanha incluiu quatro anúncios de 30 segundos e 15 segundos, cada qual descrevendo relatos reais de pessoas que recorreram aos serviços de documentação legal on-line para alcançar uma meta significativa em sua vida.

"Papai" é a história de Bryants, de Pasadena, Califórnia, que criou um testamento para proteger sua adorável filha de nove meses Chloe. "Isca de peixe" conta a história de Leo Croisetiere de Richmond, Virgínia, que perdeu sua perna e sua habilidade de lançar iscas quando estava pescando – então ele inventou o lançador de isca de peixe. Leo obteve uma patente provisória para sua criação por meio da LegalZoom. "Bala de caramelo" narra a história de Janet Long de Clayton, Califórnia, que transformou a receita de sua amada mãe em negócio – o qual ela incorporou por intermédio da LegalZoom.

A campanha comunica a essência do que a LegalZoom faz para as pessoas – que é ajudá-las a realizar seus sonhos de modo fácil e acessível. Que maneira melhor de conversar sobre esses serviços do que contar essas histórias? Ao identificar as emoções primordiais que motivam as pessoas que precisam de um documento legal, a LegalZoom preencheu uma nova

Alcançar o Emocional com a Nova Publicidade iDTV **79**

função na vida dos clientes – desde meramente providenciar documentos legais até tornar-se uma parceira que lhes possibilita realizar seus sonhos e sentirem-se protegidos.

O relacionamento on-line da marca é um reflexo do que a publicidade promete. Uma visita ao *site* LegalZoom inicia o processo de sua aceitação legal. Um testamento é um documento muito íntimo, e exige que os clientes compartilhem informações pessoais. Eles farão isso somente se acreditarem que a LegalZoom é uma empresa que cuida de seus interesses. O envolvimento instruído que ocorre na internet faz o possível e imaginável para conquistar um adepto da marca. A LegalZoom é uma nova geração de profissional de marketing direto, melhor descrita como profissional de marketing **iDireto** ou **iBrand**.

O fator determinante para se conectar com seus clientes potenciais é compreender – e aprofundar – a emoção contida na essência do que você está se propondo a fazer para seus clientes. Todo profissional de marketing – quer seja E para C ou E para E – tem uma história para contar. Se a sua história apela para o coração e é contada com o coração, e com a disciplina de uma mentalidade **iDireto**, você é um vencedor.

A nova abordagem iDTV na publicidade televisiva atende a um propósito maior do que a tradicional publicidade de consciência da marca. Ela faz uma conexão emocional memorável da marca e dá início a um relacionamento produtivo e interativo com os clientes na internet. Os profissionais de marketing que não compreendem que as estratégias **iBranding** são a nova ordem do dia estão condenados a jogarem seu dinheiro fora em anúncios de TV considerados ruins, tão seguramente quanto os perdedores da Madison Avenue na Super Bowl 2008 e 2009.

O modo como os clientes consomem a mídia está mudando rapidamente, e o modo como os clientes relatam e interagem com sua marca na interface social em constante expansão da internet está mudando em ritmo ainda mais acelerado. Entretanto, o que nunca muda é o maravilhoso retorno sobre o investimento da publicidade de mão dupla, que começa com uma autêntica resposta emocional humana e termina com envolvimento lucrativo e interação no ciberespaço e no espaço do varejo.

Capítulo

5

Mais Vendas, Menos Custo: Otimizando Cada Engajamento do Cliente

Os clientes estão acessando cada vez mais as marcas, embora a conversão para as campanhas de mala direta e e-mails esteja em constante decadência. O que está acontecendo? Os clientes estão mais engajados? Ou menos? Por que profissionais de marketing e clientes não estão se conectando? Estas questões desafiadoras devem ser respondidas para avançar um passo rumo à próxima etapa da revolução **iDireto**.

Obviamente, o que mudou é que os atuais clientes adotaram métodos interativos de comunicação que, mais do que nunca, os colocam no comando – permitindo-lhes explorar novos meios para obter o que eles querem quando querem.

Os profissionais de marketing líderes reconhecem que a maioria das mensagens que eles difundem não está sendo absorvida ou sequer notada, que dirá exercendo efeito. O ônus agora é que o profissional de marketing esteja preparado para engajar significativamente os clientes adequados e seus melhores clientes, onde quer que eles estejam. Como? Mudando fundamentalmente o modo pelo qual eles aplicam a analítica – de "quem promover" para "como engajar".

Faça do jeito certo, e os resultados podem ser esplêndidos – ganhos no retorno sobre o investimento superiores a 1.000%, ganhos de conversão de 30% a 100%. Com milhões de clientes batendo nas portas virtuais diariamente e uma imensa pressão sobre os orçamentos publicitários, os profissionais de marketing têm um vasto caminho a ser percorrido para melhor se prepararem para otimizar o valor de cada uma dessas interações.

CANAIS IDIRETO – UMA PROPOSIÇÃO DE SUCESSO OU FRACASSO

Os clientes estão se agregando em canais interativos e evitando os canais não interativos. De fato, além de utilizarem novos canais **iDireto**, tais como blog, website, *chat*, e a mais recente mídia social "hot", os clientes ainda gostam de pegar o telefone e conversar com uma pessoa real.

Caso em questão: o mercado de *call center* norte-americano continua a se desenvolver em US$ 18 bilhões em negócios com vendas internas e externas e serviço terceirizado. Além disso, esses centros evoluíram para "centros de contato", orientando sessões de *chat, tweets*, líderes da web e contatos por e-mail, que resultam em uma ascensão mensurável no desempenho de vendas, pois a interatividade e imediaticidade produzem melhor serviço ao cliente e, portanto, contribuem para o fechamento das vendas. Com a melhoria nas vendas e na produtividade do serviço, os profissionais de marketing existentes, fortalecidos com os dados do cliente e com a analítica para vender em um contexto pró-ativo e orientado para o serviço, estão equalizando os benefícios da arbitragem do trabalho de transferir os centros *offshore.*

O investimento em anúncio de rede e televisão a cabo continua sendo desviado para canais mais interativos e mensuráveis, levando em conta a proliferação das práticas de pular anúncio e de programar gravações, possibilitadas pelos gravadores de vídeo digital (DVRs). Oitenta e três por cento dos 200 executivos de publicidade mais importantes dos Estados Unidos pesquisados pelo Instituto de Pesquisa DVR apontaram o uso do DVR como a maior ameaça à eficácia da publicidade na TV. Novos formatos em desenvolvimento, como a publicidade no jogo, foram mencionados como a segunda maior ameaça. Hulu, um distribuidor não linear de conteúdo de vídeo prêmio na web, está atingindo o dobro da marca e dos índices de retorno da mensagem em seu conteúdo publicitário, em comparação com a publicidade *prime* da TV a cabo, e quase a mesma proporção no apogeu da programação, solicitando aos espectadores para decidirem qual conteúdo publicitário eles querem ver. Você prefere assistir um trailer de filme de 3 minutos e depois assistir sua série *sitcom* de 22 minutos? Sem problemas. Quer avaliar quais comerciais você gosta e quais não gosta, e quer influir sobre qual publicidade será oferecida no futuro? Sem problemas. Desenvolver os recursos para possibilitar aos usuários mais controle sobre suas experiências implica um extraordinário avanço em cada avaliação de eficácia.

A previsão é que o e-mail continue a crescer, e que este canal continue a crescer em mais de US$ 15 bilhões de investimento em 2013. No entanto, como os índices de resposta ao e-mail estão sofrendo queda sem precedente, o (ab)uso posterior do canal não fechará a lacuna. Na verdade, o declínio dos índices de resposta dos e-mails indica o maior desafio que os canais **iDireto** impõem aos profissionais de marketing: o canal vai fracassar se você não estiver preparado para engajar cada cliente de forma relevante e significativa desde o primeiro momento de contato.

A interatividade representa uma oportunidade fenomenal para estabelecer conexão com os clientes e agregar valor e lealdade exatamente no ponto em que uma organização não consegue atingir. Da mesma forma, como a mídia interativa tornou-se parte predominante do mix de marketing, os profissionais de marketing precisam considerar o risco de que muitas dessas mídias não estão associando a qualidade e o valor da permanência dos clientes conquistados com a mala direta no mix. A mala direta produz consistentemente mais compras repetidas com o passar do tempo, mesmo quando a compra ocorre tipicamente em outros canais.

Mídias como a televisão e a mala direta comprovadamente elevam o desempenho de outras mídias, notavelmente a busca, o e-mail e os programas on-line e associados, e os volumes do centro de contato. Portanto, o imperativo para os profissionais de marketing do **iDireto** – fator determinante para atingir ganhos dramáticos no retorno sobre o investimento – é adotar meios analiticamente orientados, altamente administráveis e relevantes de engajar cada cliente desde o primeiro momento, restituindo os investimentos da mídia em conversão mais elevada e a qualidade dos compradores que produz lealdade com o passar do tempo.

A realidade surpreendente é que a maioria das marcas não está preparada para engajar os clientes por meio dos canais interativos. Um website que faz a mesma oferta para alguém ou que entra em uma rede de anúncios para comercializar o estoque restante é desprovido de objetivos orientados para o valor do cliente. Mecanismos complexos de normas que conduzem a uma série de questões para qualificar um cliente em uma oferta, seja on-line ou em um centro de contato, elevam o custo e a frustração com mínimo efeito na relevância.

O MITO "PAGAR PELO DESEMPENHO"

O índice de resposta confiável e os infortúnios da conversão em breve seriam esquecidos, e os profissionais de marketing contrariados aclamariam o "pagar pelo desempenho" como a graça salvadora para a respeitabilidade do marketing. Note que eles apenas tinham de pagar pela "ação"; os profissionais de marketing aproveitaram o modelo de custo por aquisição (CPA), desviando investimentos massivos para a mídia on-line. Muitos igualmente vibraram com o marketing por e-mail em razão do seu custo extremamente baixo – frações de centavos por mensagem. A mídia solucionou o constrangimento do custo do anúncio sem a analítica que a maioria das pessoas não compreendia.

Agora uma pequena ressaca da investida do CPA: os executivos de marketing constataram que, embora a isenção de custo para impressões sem ação seja incrível, o que eles realmente precisam é de um fluxo consistente, maior e de qualidade mais elevada de "As".

Nem o e-mail nem os programas de custo por aquisição resolveram esse problema. Pelo contrário, as centenas de redes de anúncio on-line, muitas delas atendendo aos profissionais de marketing de resposta direta, estão se empenhando em descobrir meios para obter inventário para anúncio e definir o custo para o milheiro, que declinou em mais de 50% no último ano, de acordo com o índice PubMatic AdPrice.

Infelizmente, alguns profissionais de marketing estão tentando combater o declínio na resposta de e-mail enviando volumes maiores de e-mail, a maioria ainda sem alvo específico e irrelevante. Consequentemente, 80% de quase 1 trilhão de e-mails enviados em 2008 foram totalmente ignorados. Com índices de resposta em queda sem precedente, a "fatigante lista" é um frequente lamento. O (ab)uso adicional do e-mail não gerou mais resposta – nem mesmo em mensagens genuínas.

Os profissionais de marketing não precisam de mais impressões; eles precisam de mais ações. Isso é o que consta na essência do mantra do **iDireto**. Ao optarem por inumeráveis associados e redes de anúncio que intensificam o volume sem controle de qualidade, eles arriscam perder o controle de sua marca e de sua mensagem.

Com uma estratégia mais precisa de engajamento, adquirindo as impressões corretas e uma conversão maior, os profissionais de marketing atrairão mais clientes de qualidade elevada para sua marca.

UMA (R)EVOLUÇÃO ANALÍTICA

A origem do desafio

O desafio de mobilizar a mentalidade dos profissionais de marketing de "quem promover" para "como engajar" foi originado em duas décadas de ciência de marketing orientado à aplicação da analítica para solucionar um empecilho: o custo da publicidade. Com o surgimento de uma nova geração de profissionais de marketing **iDireto** e **iBranding**, a preocupação com um engajamento de baixo custo e eficiente com o cliente passou a ser interesse prioritário da agência e do cliente.

86 REDEFININDO MARKETING DIRETO INTERATIVO NA ERA DIGITAL

No mundo da mala direta, os profissionais de marketing se empenham para promover o máximo possível de pessoas a um custo equilibrado por item de correspondência de US$ 0,50 a US$ 1,00. Os profissionais de marketing criam modelos para determinar quem focar, para que eles atinjam certo nível de desempenho, normalmente resultando em envio apenas para o primeiro par de decis em um modelo, ignorando o restante (os 80%).

Quanto mais forte uma marca, mais clientes iniciarão contato com ela. Para o fabricante de roupas esportivas ecológicas Patagônia, este é precisamente o desafio. Nos últimos três anos, o número de visitantes ao website da empresa que não são vinculados a um *mailing* de catálogo específico, termo de busca ou e-mail subiu mais de 30%. O que os conduziu ao site? De que forma a Patagônia conseguiu engajá-los? Esses visitantes fariam parte de um pequeno grupo que a marca recomercializa com um catálogo?

Com os clientes iniciando centenas de milhões de interações, o obstáculo mudou. Eliminar o custo incremental do anúncio significa que não existe pretexto plausível para ignorar os 80%, principalmente para ofertas com vastos atrativos de mercado. Passa a ser uma questão sobre qual produto oferecer e como apresentá-lo a um determinado cliente para otimizar o resultado **iDireto** desejado.

Evolução na definição de metas

Essa evolução nas abordagens de definição de metas pode ser resumida em três etapas – seleção, evento e prisma analítico (consulte a Figura 5.1). Os profissionais de marketing **iDireto**, se for o caso, estão ainda mais preocupados em definir corretamente o alvo, conforme suas tradicionais contrapartes do marketing direto.

Em uma abordagem orientada pela seleção, os profissionais de marketing escolhem um segmento de clientes para promover, com base em critérios específicos, e enviam a todos eles a mesma proposta, conscientes da premissa de que eficiência e volume reduzem custo.

Figura 5.1 Uma (r)evolução analítica.

As comunicações orientadas para o evento são campanhas de causa e efeito. Uma marca observa certas ações ou comportamentos e inicia uma campanha consistente com o evento observado, aproveitando o sincronismo e a afinidade para elevar os resultados. Os motivadores do evento normalmente são baseados em fatos de vida, comportamentos específicos como uma compra pela primeira vez ou qualquer evento que indique que um cliente pode estar no mercado para um produto ou serviço relacionado.

O aperfeiçoamento dos métodos de seleção e a criação de sistemas de marketing orientados para o evento constituíram um ponto primordial de inovação na ciência do marketing ao longo dos anos 1990 e no século XXI.

Avançando um pouco mais chega-se à abordagem orientada para o prisma analítico para o engajamento do cliente – utilizando fontes ricas de dados e a analítica para prognosticar resultados significativos nos objetivos específicos de marketing e alinhar da melhor maneira possível todos os elementos do mix de ofertas para otimizar o valor atribuído a cada pessoa e à marca. Como no caso da Hulu, a inclusão de dados colaborativos captados, proporcionando aos usuários maior controle sobre suas experiências, torna essa abordagem a mais poderosa.

Em vez de reduzir um público-alvo para definir quem excluir de uma promoção, uma abordagem orientada para o prisma analítico investiga como incluir todos os membros de um público, alinhando a oferta ideal para cada indivíduo para efetivamente atingir o máximo possível de pontos ao longo da curva da demanda.

Efetivamente, nós invertemos o eixo oferta/público. Anteriormente, os profissionais de marketing costumavam criar uma oferta para promoção para atingir o maior público possível por meio da mídia de maior alcance possível. Atualmente, nós personalizamos o mix da oferta para criar milhares de ofertas endereçadas individualmente e promovidas por meio de uma mistura interindependente de canais de oferta e procura e mídia para otimizar a taxa de conversão ao longo da cadeia de contatos.

Isso não é um indicativo da mídia de amplo alcance. Ao contrário, os profissionais de marketing que optam por riscar cegamente a televisão ou a mala direta de seu mix de marketing provavelmente vão observar um declínio íngreme no desempenho em outros investimentos de marketing.

A questão *du jour*: qual é o mix de mídia apropriado para alimentar o funil de vendas, sair da consciência e consideração para finalmente atingir a mais elevada conversão possível em cada engajamento do cliente?

COMO OTIMIZAR CADA ENGAJAMENTO DO CLIENTE

Agora que somos versados na teoria e perspectiva histórica, vamos descrever como otimizar os engajamentos do cliente e reescrever as expectativas do retorno sobre o investimento.

Uma estratégia bem articulada de engajamento com o cliente amplia o clássico 4Ps do marketing (produto, preço, praça e promoção) de forma individual e incorpora dimensões contemporâneas e acionáveis para criar a oferta ótima para cada cliente, baseada em seu estágio do ciclo de vida com uma marca. A abordagem pode ser segmentada em quatro fases: integração de dados, previsão de comportamentos, determinação de ofertas e engajamento com o cliente. O foco primordial será a abordagem e a analítica relacionadas ao comportamento preditivo e o alinhamento de ofertas e mensagens ao nível do cliente (consulte a Figura 5.2).

A Suddenlink Communications, uma das dez melhores fornecedoras norte-americanas de cabos para internet e serviços de telefonia, que atende mais de 3 milhões de residências em 21 estados, implementou tal estratégia orientada para o prisma analítico para otimizar o modo pelo qual ela engajava os clientes no centro de contato e na web. O objetivo da empresa era criar um processo mais consistente de vendas e serviços, aperfeiçoando a qualidade e a consistência dos representantes do atendimento ao cliente (CSRs) e melhorando o índice de vendas no *call center* e na web em, no mínimo, 20%.

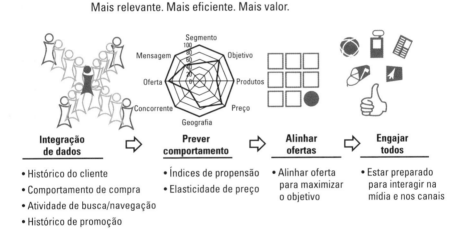

Figura 5.2 Otimizando o engajamento do cliente.

Integração de dados do cliente

Naturalmente, uma estratégia bem articulada de engajamento com o cliente é fundamentada em dados, e o desempenho é tão bom quanto os dados que a alimentam. A primeira etapa da elaboração é mobilizar os dados do cliente, incluindo promoção, compra e histórico do serviço, e ligá-los por intermédio de um único identificador pessoal. Para a Suddenlink, este procedimento envolveu a busca de dados de múltiplos sistemas operacionais internos e de faturamento. A empresa estava apta a fortalecer sua visão do cliente individual com fontes terceirizadas de dados para melhorar a qualidade preditiva dos dados.

As fontes de interesse geralmente incluem demografia, psicografia, compra compilada, dados sobre preferência, busca on-line e atividade de navegação.

Comportamento preditivo

Determinar analiticamente os elementos apropriados do mix de ofertas para qualquer cliente requer o prognóstico de resultados em uma gama de variáveis dependentes dos produtos ou combinações de produtos mais favoráveis à compra conforme a elasticidade do preço individual de cada cliente, alcance do cliente para pagar e sua receptividade para ofertas competitivas. Aplicar os *insights* desses modelos para elaborar ofertas, um elemento por vez do mix de oferta, e variar os elementos conforme os fatores geográficos e competitivos de mercado, assim como a mensagem criativa apropriada para cada segmento de cliente, resultam em um catálogo imenso de ofertas disponíveis (consulte a Figura 5.3).

Figura 5.3 Mix de ofertas orientado para o prisma analítico.

No caso da Suddenlink, uma empresa com três produtos importantes, que oferecem catálogo, rapidamente se desenvolve em sentido ascendente em virtude de milhares de ofertas diferentes.

Para algumas marcas, isso poderia gerar milhares de derivativas de ofertas para serem administradas. Os métodos tradicionais de seleção orientados para escolher um público para cada uma das campanhas rapidamente seriam recusados.

Otimizando e alinhando as ofertas

Ainda que utilizar a analítica para prognosticar um comportamento seja essencial para a ciência antes da elaboração da oferta, é igualmente importante alinhar a oferta ótima, sobrepondo-se sobre todas as outras ofertas disponíveis "no mercado", à frente da próxima interação do indivíduo com a marca.

O ciclo de vida do cliente atua como um ponto de estruturação interminável e inacreditavelmente eficiente durante a elaboração das ofertas, e mais ainda ao alinhá-las. As ofertas para aquisição variam muito em relação às ofertas orientadas para o desenvolvimento, migração e retenção dos atuais clientes, ou a "reconquista" daqueles que cancelaram o serviço.

As mudanças no objetivo comercial primordial (por exemplo, passar da maximização do crescimento da unidade para a otimização da lucratividade) exigirão o realinhamento das ofertas apropriadas.

Assim como os algoritmos avaliam todos os traços de predisposição de um cliente para determinar como melhor apresentar um determinado produto, os algoritmos devem observar os traços de predisposição em cada oferta proposta para determinar a oferta apropriada para cada cliente baseada no objetivo comercial em questão. Utilizar a analítica e a automação é o único meio plausível de administrar milhares de ofertas, variações de estilo criativo e opções de mensagem em milhões de interações com o cliente, sustentadas por milhares de vendas diretas e pelo pessoal da equipe de serviço e múltiplos canais interativos.

Engajando o cliente por toda parte

Esse modo inovador de viabilização do marketing requer dados excepcionalmente ágeis e plataformas analíticas que promovem a oferta adequada e a mensagem no momento em que um cliente, ou algum identificador ligado ao cliente, é identificado – na web, por telefone ou de outro modo.

Na Suddenlink, após identificar o cliente, uma solicitação de serviços da web é feita do ponto de toque até o banco de dados da gestão de oferta e conteúdo, buscando a melhor oferta elaborada para aquele cliente. Em frações de segundos, o engajamento é favorecido por valiosas informações sobre o cliente e pela análise. Ao gerar de forma consistente as informações de oferta e suporte para cada uma, um representante de atendimento ao cliente está apto a representar facilmente 20 vezes mais ofertas, melhorando significativamente sua eficiência. No caso da Suddenlink, o ganho resultante na conversão foi de 34% sobre os grupos de controle, atingindo um valor anual de US$ 7 milhões somente no primeiro programa. Sem o custo incremental do marketing e o acréscimo de tempo das chamadas, a Suddenlink alcançou uma deslumbrante margem de 1.600% de retorno sobre o investimento.

Da mesma forma, esses resultados refletiram imediatamente na web, em que, ao invés de promover amplamente a mesma oferta para milhões de visitas ao *site*, a Suddenlink promoveu 230 ofertas diferentes para milhões de visitas, aumentando as vendas em 24%.

As análises de otimização são diariamente reprocessadas, levando-se em conta os resultados do dia e o histórico da promoção. Por exemplo, se os clientes que fazem uma chamada de serviço aceitam um aprimoramento no pacote de serviços, não precisamos oferecê-lo novamente no dia seguinte na web, principalmente com diferenciação no preço estabelecido. Um simples "agradecemos seu pedido" e a confirmação da data da implantação para a próxima semana são abordagens muito melhores.

ESTEJA PREPARADO

Está definitivamente comprovado que uma abordagem **iDireto** com mais recursos disponíveis para engajar um cliente de forma relevante agregará mais valor. Na verdade, os profissionais de marketing estão constatando vantagens na intensificação da conversão, pois eles possuem ofertas mais sofisticadas no mercado.

Quanto mais segmentada a definição do alvo das ofertas ao cliente, mais pontos são atingidos ao longo da curva de demanda, e nos tornamos cada vez mais aptos a refinar nossa mensagem.

Os avanços na tecnologia de banco de dados e de rede e a aplicação da analítica avançada definiram o cenário para a era excepcional de **iBranding** e **iDireto** de crescimento intensificado na produtividade do marketing. Esteja preparado. Afinal, a Boy Scouts acertou.

Capítulo

6

MMB e OMB: Motivadores Fundamentais para o Sucesso do iDireto

O marketing do mecanismo de busca (SEM – Search Engine Marketing) e a otimização do mecanismo de busca (SEO – Search Engine Optimization) constituem a base da abordagem **iDireto**. Cada prática iniciou-se como uma combinação de certa forma misteriosa de tecnologia e astúcia, e o profissional de marketing habitual a princípio não conseguiu compreender ou avaliar seu valor.

Desde então, a busca evoluiu para uma das formas mais mensuráveis de marketing direto, e representa a base de todo empreendimento de marketing on-line. Em qualquer negócio – pequeno ou grande, E para E ou E para C, seja qual for o método de distribuição utilizado –, a exibição na primeira página dos principais mecanismos de busca para um vasto contexto de consultas pode promover aumentos exponenciais de percepção, demanda e crescimento da receita.

O marketing do mecanismo de busca, também conhecido como busca paga ou pago por clique (PPC – pay-per-click), consiste em anúncios textuais patrocinados que aparecem acima ou à direita dos resultados da busca orgânica. O marketing do mecanismo de busca é um processo sistemático de alteração da arquitetura do site, conteúdo e links internos/externos de modo a obter classificação e indexação ótimas nos resultados da busca orgânica. A maioria dos profissionais de marketing compreende os princípios básicos e já incorporou esses canais em seus empreendimentos de marketing direto.

Logo após o lançamento de um empreendimento de marketing de busca em larga escala, é fácil ficar oprimido pelo volume de dados e pela série de palavras-chave que precisam ser organizadas. A total transparência e os resultados atualizados minuto a minuto de uma campanha de busca paga ou de um relatório de tráfego orgânico são, ao mesmo tempo, uma benção e uma maldição.

Normalmente, os anunciantes podem, em tempo real, testar e ajustar todos os aspectos de suas campanhas – desde palavras-chave até estratégia de licitação, páginas de entrada e atalhos de conversão – para aperfeiçoar o desempenho e controlar os orçamentos. Entretanto, sem uma estrutura coerente para administrar este volume de informações, os profissionais de marketing geralmente acabam em um ciclo interminável de alterações nos anúncios, ajuste de limites para ofertas, criação de novas páginas de entrada e reedição de páginas da web sem qualquer orientação sobre o que está e não está funcionando.

MARKETING DO MECANISMO DE BUSCA: UM SONHO DE DESEMPENHO DO PROFISSIONAL DE MARKETING

Em um mundo perfeito do **iDireto**, os profissionais de marketing conseguiriam associar cada ganho real a cada gasto real. Cada estratégia e tática seriam avaliadas isoladamente, e um retorno preciso sobre o investimento seria determinado em tempo real. Entretanto, na maioria das organizações, para atingir este ponto, torna-se necessária uma abordagem inteiramente nova para administrar os dados.

Voltando ao início da era da busca paga, avaliar a eficácia de uma campanha exigia a habilidade de associar a quantia gasta em uma publicidade de busca paga com a métrica de conversão correspondente (vendas, lideranças etc.). Com a evolução da prática, muitos negócios on-line constataram que otimizar campanhas em conformidade com uma métrica estática não é um padrão preciso de desempenho da campanha.

Por exemplo, um provedor de televisão a cabo estaria disposto a pagar um custo mais elevado por clique para obter um cliente que assinasse por dois anos, em vez de um que cancelasse após seis meses. Os corretores de seguro estariam dispostos a elevar seu custo por aquisição se eles conseguissem prognosticar qual de suas condutas on-line seria elegível para uma política de margem mais elevada. Na maioria das negociações on-line, otimizar uma campanha com base nas conversões brutas nunca será tão eficiente quanto otimizar com base no valor dessas conversões, avaliados na receita, margem líquida ou valor de permanência do cliente.

A nova tecnologia de rastreamento do marketing do mecanismo de busca possibilita aos profissionais de marketing que atuam com base no desempenho assimilar essas métricas mais robustas de conversão. Da mesma forma, incorporar os custos de dados de mercadorias vendidas com otimização, baseadas na margem líquida, resultou em melhorias notáveis para uma série de varejistas eletrônicos. Por meio da prática de rastreamento de *pixels* ou *cookies*, um negócio pode, atualmente, justificar as conversões mais latentes (atrasadas) e melhorar os resultados com base no valor de permanência projetado para um cliente. Quando você inclui essas métricas mais robustas e relevantes de conversão em sua metodologia de oferta, o custo incremental pode ser alocado a estas palavras-chave e anúncios que produzem o melhor retorno sobre o investimento.

Quer a sua empresa esteja apenas iniciando com o marketing do mecanismo de busca, quer esteja desenvolvendo campanhas multimilionárias, existem algumas estratégias fundamentais de **iDireto** que lhe possibilitam avaliar com mais acurácia a eficiência e conduzir o crescimento contínuo deste canal vital de anúncio digital:

1. *Dados integrados abrangentes*. Ter visibilidade total de seu desempenho na campanha de busca paga é a base de todo empenho

excepcional. O objetivo deve ser criar uma única plataforma de comunicação para conectar os dados dos mecanismos de busca com os dados dos seus sistemas internos de contabilização e sua plataforma de otimização da oferta. Ao mapear os dados do tráfego dos cliques com os dados detalhados da conversão, você pode alocar o custo incremental a essas campanhas que produzem o melhor retorno sobre o investimento.

2. *Estrutura eficiente de conta.* Administrar uma coletânea cada vez maior de palavras-chave é um dos maiores desafios do marketing do mecanismo de busca. Os clientes utilizam todos os tipos de termos na busca por um produto, e a lista só aumenta com o passar do tempo. Para administrar sua conta com mais eficiência, as palavras-chave devem ser classificadas em grupos minuciosamente definidos em torno de um tema comum, produto, tipo de cliente ou estágio do ciclo de compra. Agrupamentos de anúncios solidamente construídos possibilitam a atuação com anúncios e páginas de entrada altamente específicas para distinguir segmentos do cliente. Os resultados conduzem a índices mais elevados de conversão e melhoria na qualidade da palavra-chave[1].

3. *Criatividade focada.* Redigir anúncios de busca paga pode parecer relativamente objetivo, visto que mecanismos de busca, tais como o Google, permitem apenas 25 caracteres de texto no título e duas linhas de 35 caracteres em cada uma delas. No entanto, com um volume tão pequeno de imóveis na página on-line e sem oportunidade de elementos de marca ou logotipos, apresentar uma oferta focada e relevante ao longo da lista de busca torna-se ainda mais crítico. A criação deve ser claramente definida, incluir palavras da consulta da busca original, promover sua proposição de valor e especificar seus diferenciadores competitivos (um total de 95 caracteres!). A oferta deve ser convincente e incluir uma motivação extremamente objetiva para ação. Por exemplo, uma oferta de compartilhamento de fotos deve concluir o anúncio com: "Envie sua foto agora!" em vez de uma afirmação mais genérica como "Clique aqui".

4. *Administração da oferta com base no retorno sobre o investimento.* A busca paga é um leilão, e deduzir quanto você está disposto

a oferecer em uma palavra-chave individual é uma função crucial e dinâmica. A todo momento, os concorrentes estão aumentando ou diminuindo suas ofertas, e os mecanismos de busca estão reorganizando a ordem na qual os anúncios aparecem, assim como o valor atribuído ao custo de cada clique. Saber a oferta "certa" para determinada palavra-chave ou campanha pressupõe que você conhece sua métrica principal ou seus objetivos comerciais. Se a sua meta for ativar o volume de vendas ou a receita, você pode estar disposto a gastar um pouco mais em certas palavras-chave. Se o seu objetivo for administrar suas campanhas com metas bastante restritas de custo por aquisição (CPA – cost per acquisition) ou com a métrica do retorno sobre o anúncio pago (ROAS – return on ad spend), você pode sacrificar certo volume, mas ganhar em eficiência.

5. *Páginas de entrada otimizadas.* A maior parte da discussão da busca paga enfoca as decisões relacionadas ao pré-clique – determinar quais palavras-chave fazem sentido em seu negócio, redigir um anúncio eficiente e calcular o valor da oferta para cada palavra-chave ou campanha. Juntamente com essas táticas, otimizar a experiência *pós-clique* do usuário pode gerar melhorias significativas no marketing do mecanismo de busca. Uma página de entrada bem projetada é relevante na pesquisa da palavra-chave, e reitera a promessa feita em seu anúncio de busca paga. Ela deve minimizar o atalho para a conversão e eliminar quaisquer obstáculos para o usuário. Uma página de entrada ou pequeno site eficiente reduzirá sua taxa de desvio, aperfeiçoará a qualidade e aumentará sua taxa de conversão e receita total.

6. *Testar, avaliar, testar, avaliar, ad infinitum.* O marketing do mecanismo de busca é o último canal para a tomada de decisão com base nos dados.

Cada aspecto de uma campanha – desde as palavras-chave selecionadas até a redação do anúncio, oferta máxima, páginas de entrada, mecanismos de busca, hora do dia, dia da semana e geografia – pode ser modificado, e seu impacto avaliado. Nenhum outro canal publicitário oferece tanta diversidade de opções de alvo com recursos tão vigorosos e apropriados para acompanhar o desempenho. Na verdade, o que torna o marketing do mecanismo de busca um recurso tão intrigante e desafiante é que nenhuma campanha atinge o estágio da perfeição – os resultados sempre podem ser melhorados, e a tecnologia do mecanismo de busca torna relativamente fácil ajustar cada elemento e avaliar seu impacto discreto sobre o desempenho. O teste contínuo é o mantra de todo empreendimento bem-sucedido de **iDireto** do marketing do mecanismo de busca. Muito provavelmente, o marketing do mecanismo de busca é o exemplo mais recente de como a chegada da inteligência orientada para a internet conduziu a antiga prática de marketing direto de teste constante a dimensões jamais imaginadas na geração anterior.

ESTUDO DE CASO DO MARKETING DO MECANISMO DE BUSCA: DESENVOLVEDOR DE IMÓVEIS

O estudo de caso a seguir fornece um exemplo ilustrativo de como o tradicional negócio off-line utilizou a abordagem de marketing iDireto, fundamentada na busca paga, para dobrar seus resultados on-line gerados mensalmente e reduzir o custo por aquisição em mais de 200%.

Profissional de marketing do mecanismo de busca

O anunciante é um desenvolvedor nacional de condomínios de apartamentos de alto padrão. A empresa administra 80 condomínios de apartamentos e atrai tráfego on-line em um website corporativo que fornece informações sobre essas propriedades. Existem panoramas detalhados de mais de 50.000 unidades, com as mais recentes listagens e promoções.

Desafio

Como as campanhas de busca paga tornaram-se cada vez mais bem-sucedidas, a empresa se empenhou para administrar o crescente número de palavras-chave dentro de um orçamento individual fixo mensal para cada condomínio de apartamento.

Solução

A empresa reorganizou todas as palavras-chave em campanhas menores organizadas por geografia e estágio do ciclo de compra do cliente. A seguir, implementou táticas mais avançadas de marketing do mecanismo de busca para aumentar as conversões totais e reduzir o custo por aquisição:

- *Desenvolver campanhas nacionais com palavras-chave modificadas geograficamente.* A maioria das palavras-chave mais importantes da empresa, tais como "apartamentos" ou "apartamentos para locação", era muito cara em razão de sua popularidade. E elas eram difíceis de converter. Em vez de reduzir o orçamento nestes termos de alto volume, a empresa tentou desenvolver campanhas mais restritas com palavras-chave modificadas em âmbito geográfico (por ex., apartamentos em São Francisco). Essa estratégia possibilitou exposição aos residentes locais e às pessoas que estavam querendo mudar para uma nova cidade.

- *Divisão do dia.* Os principais mecanismos de busca permitem que os anunciantes decidam exatamente quando seus anúncios serão ativados. A administração do desenvolvedor do condomínio de apartamentos examinou os dados de conversão e constatou que o tráfego mais elevado de conversão ocorria durante o horário comercial. Aumentando suas ofertas máximas com alocação da maioria de seus orçamentos das 8h00 da manhã até as 6h00 da tarde em cada período do dia, foi possível captar mais desse tráfego intensificado da web e aumentar as conversões totais.

- *Expandir palavras-chave e grupos de anúncios.* Após alguns meses de desenvolvimento dessas campanhas, o anunciante conseguiu identificar as palavras-chave e os grupos de anúncios de desempenho elevado. A empresa experimentou uma ampla gama de táticas, incluindo erros de soletração, sinônimos e abreviações para essas campanhas, e obteve altos índices de conversão com o orçamento disponível. O número total de palavras-chave administradas cresceu 64% nos primeiros 12 meses; no entanto, a inclusão de novas palavras-chave foi baseada no desempenho real, em vez das ideias desenfreadas do brainstorming.

- *Associar a redação do anúncio às promoções mais recentes.* Com base em uma rigorosa metodologia de teste, a empresa identificou uma série fundamental de descrições e motivações para ação que produziram um nível consistentemente elevado de conversões. A empresa conseguiu atingir índices ainda mais elevados de conversão anunciando promoções específicas e tempo cronometrado para cada uma das propriedades, e depois direcionando o buscador da web a uma página de entrada específica que reiterou a promoção especial mostrada no anúncio.

Resultados

Nos primeiros 16 meses da campanha acentuada, a empresa duplicou o número de aquisições on-line por mês e reduziu seu custo por aquisição em mais de 200%.

Essas práticas melhores podem ser aplicadas em qualquer negócio orientado para o anúncio on-line. Algumas empresas on-line investem milhões de dólares em buscas pagas. Outras empresas possuem orçamentos bem menores. Algumas empresas fazem disso uma pequena parte de seu mix de marketing; outras utilizam a busca paga como sua única forma de publicidade. Independentemente do tamanho da empresa ou do nível do marketing do mecanismo de busca empreendido, aplicar uma abordagem sistemática, orientada para dados e interativa de marketing do mecanismo de busca produzirá, invariavelmente, melhorias significativas em sua métrica fundamental. Desenvolver o marketing do mecanismo de busca correto tem a mesma importância para os atuais profissionais de marketing de iDireto que a criatividade adequada em um comercial de 30 segundos para um profissional de marketing do passado.

OTIMIZAÇÃO DO MECANISMO DE BUSCA: UMA ABORDAGEM EM TRÊS CAMADAS

Em meados dos anos 1990, a otimização do mecanismo de busca surgiu a partir de uma coletânea, de certa forma misteriosa, de estratégias de desenvolvimento da web e táticas eticamente questionáveis em uma base indispensável e geralmente não apreciada de um plano de marketing on-line.

Quando a prática amadureceu, uma ampla diversidade das melhores práticas e manuais explicativos viabilizou a ajuda aos mestres da web para alcançarem resultados otimamente indexados e classificados na busca dos clientes por suas marcas, categoria comercial, produtos, benefícios, localização e outras palavras-chave relacionadas. A otimização do mecanismo de busca é composta por três áreas de especialidades distintas: arquitetura, conteúdo e links.

- *Arquitetura.* Providenciar uma estrutura eficiente de site de modo a permitir que os mecanismos de busca encontrem e avaliem o conteúdo de seu site. Isso inclui ter links internos nítidos e um mapa preciso do site acessível de todas as páginas.

- *Conteúdo.* Quando um mecanismo de busca alcança uma página em seu site, ele revisa a URL, marcadores de títulos, cabeçalhos e conteúdo on-line da página para determinar os assuntos ou palavras-chave mais relevantes. Compreender como otimizar o conteúdo de cada página para uma determinada palavra-chave promove melhores classificações.

- Links. Os mecanismos de busca também avaliam o número e a qualidade dos links externos e internos em cada página. Os mecanismos de busca visualizam os links como um "voto de confiança" para as páginas específicas. links de sites externos considerados uma autoridade no assunto em questão têm mais influência do que os links de sites autorizados não relacionados ou relacionados em menor escala.

Para desenvolver uma vantagem competitiva sustentável por meio da otimização do mecanismo de busca, os profissionais de marketing devem conquistar um insight excepcional no desempenho do site e no comportamento de busca do cliente, e adotar uma abordagem analítica para projetar a priorização. Da mesma forma, é necessário acompanhar um processo perfeito de implementação ao executar atualizações no site e ao reagir às mudanças no mercado. A seguir, um plano minucioso é descrito, de modo a orientá-lo desde a execução tática até os reforços estratégicos que terão efeitos duradouros sobre as listagens orgânicas.

Planejamento da campanha

Os profissionais de marketing focados no desempenho iniciam sua atuação conduzindo uma análise meticulosa de seu website, comportamento do cliente, objetivos comerciais e ambiente competitivo. A partir dessa análise, eles desenvolvem uma lista abrangente de palavras-chave e segmentam tais palavras em "campanhas por palavra-chave" minuciosamente definidas.

Os grupos de palavras-chave com tema similar são análogos aos grupos de anúncios que tornaram a marca do admirado marketing de busca pago. Os termos da marca são administrados separadamente dos termos do produto. As palavras-chave da categoria de alto desempenho estão separadas das palavras mais longas e refinadas. Ajustar as palavras-chave em campanhas rigidamente definidas possibilita eficiente priorização e avaliação dos resultados.

Análise da oportunidade

Cada campanha com palavra-chave está, portanto, associada a uma página inédita ou existente na web orientada para um segmento específico de cliente ou estágio do ciclo de compra. Campanhas com o maior potencial para gerar conversões e crescimento da receita dos negócios ou das iniciativas da marca devem ser priorizadas, à frente das pesquisas de busca longas e de pouco volume.

Diagnóstico

Diagnosticar as oportunidades de otimização do mecanismo de busca é similar a dois pacientes que vão ao médico exatamente com os mesmos sintomas. Um bom médico realizará um exame minucioso antes de fazer o diagnóstico e recomendará uma conduta específica de tratamento. Mesmo sem um grau avançado na otimização do mecanismo de busca, os profissionais de marketing possuem uma ampla variedade de ferramentas para diagnóstico (gratuitas e patenteadas) para determinar quais fatores estão mantendo páginas específicas em boa posição no *ranking* dentro de cada campanha com palavra-chave.

Em geral, a arquitetura do site evita que os "espiões" do mecanismo de busca "arrastem" certas seções do site. O uso da animação em *flash* ou *ajax* evita que os espiões leiam o conteúdo de sua página on-line. Um diagnóstico meticuloso de otimização do mecanismo de busca inclui uma análise completa da arquitetura do site, componentes do nível do código, links internos/externos e conteúdo da página on-line.

Avaliação da execução

Os resultados provenientes do seu diagnóstico de otimização do mecanismo de busca e da análise de oportunidade devem conduzir seu plano de execução do **iDireto**. Utilize a análise de oportunidade para priorizar palavras-chave e mercados de palavras-chave com o maior potencial para gerar aumento nas conversões ou na receita. Use o relatório de diagnóstico para identificar páginas específicas em seu site que requerem atenção. Algumas campanhas com palavras-chave exigirão o desenvolvimento de novas páginas, ou revisões no conteúdo das páginas existentes. Em outros casos, uma campanha bem orquestrada de construção de link elevará a classificação da página no *ranking* de páginas específicas.

No entanto, situar estrategicamente suas palavras-chave na URL, marcadores de título, cabeçalhos e na página melhorará o posicionamento de busca desses termos específicos. Seja qual for o plano de ação corretiva, certifique-se de que ele possa ser facilmente ajustado com base nas novas prioridades estratégicas, mudanças no cenário competitivo, suas restrições de tempo e disponibilidade interna de recursos.

Relato e analítica

Em qualquer empreendimento contínuo de otimização do mecanismo de busca, o sucesso depende da manutenção da visibilidade total em cada tática e resultado. O *software* da analítica da web fornece relatórios sucintos de alto nível relacionados aos aumentos no tráfego e nas conversões, assim como dados detalhados que embasam tais relatórios. Os relatórios personalizados possibilitam a avaliação da eficiência de campanhas com palavras-chave específicas ou palavras-chave individuais. Dependendo do nível de integração de dados, os profissionais de marketing devem empenhar-se para avaliar a eficiência da campanha com base nas conversões orgânicas, receita ou margem líquida, em vez do tráfego no site.

Uma série de ferramentas on-line lhe permite monitorar a posição de sua palavra-chave em relação aos seus concorrentes e estimar o volume de buscas para suas principais palavras-chave. Essas ferramentas incluem o Google Analítico para quantificar o tráfego orgânico de seu site, as principais palavras-chave e ferramentas terceirizadas, tais como Compete, SEMRush e SpyFu, para estimar o desempenho de seus concorrentes. Avaliar seu "nicho de busca" em seu mercado de palavras-chave mais importante lhe possibilita uma tomada de decisão mais acurada e respostas mais rápidas em face das ameaças competitivas.

Este exemplo conciso demonstra como o planejamento estratégico e a analítica de dados sólidos podem facilitar melhorias dramáticas nos resultados de busca orgânica.

ESTUDO DE CASO DA OTIMIZAÇÃO DO MECANISMO DE BUSCA: SITE DE CINEMA

Histórico

Um dos principais destinos on-line para verificar os horários de exibição de filme e realizar vendas antecipadas de ingressos para o filme precisava de uma ajuda significativa com a otimização do mecanismo de busca.

Historicamente, o site estava conduzindo a maioria de seu tráfego por meio da mídia off-line, conscientização da marca por meio do PR e uma onerosa campanha de busca paga. O crescente custo da otimização do mecanismo de busca e a natureza hipercompetitiva do "ingresso de cinema"

vertical pressionou o site a conduzir o tráfego qualificado com palavras-
-chave sem marca por meio da busca orgânica.

Desafio

No momento de solicitar *expertise* externo, 99% do site estava invisível aos
mecanismos de busca em razão da arquitetura ineficiente do site, falta de dados exclusivos sobre conteúdo/meta e links limitados de fontes fidedignas.

Solução

Uma série de mudanças relativamente simples na arquitetura do site resultou em melhorias significativas no seu desempenho. Criamos novos
mapas hierárquicos, de modo a possibilitar que os espiões do mecanismo
de busca percorressem totalmente o site. Além disso, todas as URLs foram
reprojetadas para se ajustarem à otimização do mecanismo de busca.

Em essência, isso significa eliminar parâmetros impróprios e situar as
palavras-chave mais importantes na frente da série URL. Portanto, se o profissional de marketing quisesse que uma página específica estivesse no topo
da classificação para a consulta "Brad Pitt", a URL otimizada seria www.do-
minio.com/bradpitt. Tais mudanças resultariam em aumentos dramáticos
no número de páginas indexadas, tráfego orgânico e conversões.

Com uma sólida arquitetura, o especialista em marketing iDireto
pôde desenvolver novas páginas para aumentar o tráfego em um arranjo
mais amplo de palavras-chave sem marca. Essas páginas incluíram páginas autênticas sobre atores e diretores importantes e filmes longa-metra-
gem. Em qualquer negócio on-line, essas páginas informativas sem marca
ajudam a promover a reputação do tópico e podem aumentar significativamente o tráfego em palavras-chave longas e de curta duração.

Links de sites autênticos podem aumentar a classificação de sua página
e melhorar sua posição nos resultados de busca. O site gerou uma série de
links de entrada desenvolvendo links virais com redes de fãs e promovendo

algumas campanhas inovadoras de construção de link com distribuidoras de filmes e teatros. Este site foi eficiente ao fornecer à sala de espetáculos o conteúdo apropriado sobre os últimos lançamentos. A maior parte desse conteúdo foi colhido pelos blogueiros e portais de entretenimento. Os profissionais de marketing de qualquer ramo de atuação podem aumentar seus links de entrada criando conteúdo exclusivo e relevante e facilitando o compartilhamento entre clientes, parceiros e outros observadores do negócio.

Resultados

No período de um mês de implementação dessas mudanças, o site passou de 150 páginas indexadas para mais de 146.000. Poucos dias após a mudança do título da página inicial, o site passou da posição número quatro para a posição número um no Google com sua palavra-chave mais importante – "ingressos para cinema".

Quanto à avaliação mais importante, o site conseguiu aumentar o tráfego orgânico em 148% e as vendas de ingressos na busca orgânica em 61% no período de um ano.

O "SEGREDO" DO SUCESSO DO MARKETING DO MECANISMO DE BUSCA E DA OTIMIZAÇÃO DO MECANISMO DE BUSCA

Não existem segredos no marketing do mecanismo de busca e na otimização do mecanismo de busca. As ferramentas e técnicas descritas neste livro e em outros lugares são bem documentadas e geralmente estão disponíveis. O que distingue um empreendimento adequado de marketing do mecanismo de busca/otimização do mecanismo de busca de um empreendimento excepcional é a constante referência à análise contestável de dados e o comprometimento com o teste e avaliação contínuos. Assim como muitos outros recursos **iDireto** e **iBranding** descritos ao longo deste livro, nossas raízes do marketing direto fundamentadas em uma disciplina orientada para dados são supremas, pois aproveitamos as interações on-line.

O poder de gerar resultados surpreendentes tanto no marketing do mecanismo de busca quanto na otimização do mecanismo de busca reside no fluxo contínuo de dados em cada aspecto do que está acontecendo. O poder é seu, em tempo real e continuamente; os profissionais de marketing podem associar o dinheiro gasto em uma campanha de busca paga ao ganho obtido por intermédio de uma conversão on-line (ou off-line).

Os profissionais de marketing podem ter acesso ao número de buscas de qualquer palavra-chave específica, o número de vezes que um visitante clicou em uma listagem de busca orgânica e a atividade, conversão ou receita gerada com cada visita.

O dinheiro que entra nessa análise de desempenho final requer um comprometimento com a integração e o registro de dados antes de realizar um investimento de tempo e dinheiro no marketing de busca. Existe muito trabalho a ser realizado; no entanto, o comprometimento com a análise rigorosa de dados possibilita visibilidade incomparável na eficácia do marketing ao iniciar o trabalho. A boa notícia é que os investimentos incrementais feitos em uma base sólida podem produzir retornos sobre o investimento surpreendentes.

LISTA CONCISA DAS MELHORES PRÁTICAS

- Sempre inicie com os dados.
- Integre os dados de sua campanha com o monitoramento da conversão final.
- Defina seus principais indicadores de desempenho (KPIs – key performance indicators) no início.
- Organize o monitoramento e a avaliação de seus dados antes de investir tempo e recursos.
- Separe as campanhas de otimização do mecanismo de busca e de marketing do mecanismo de busca em grupos publicitários meticulosamente definidos.
- Aplique a priorização de dados.

- Otimize as ofertas do marketing do mecanismo de busca com base no valor real, em vez de se basear nos cliques ou conversões.

- Teste, avalie, teste, avalie, teste, avalie, teste, avalie, em sentido ascendente e para a frente.

Tenha em mente que o marketing do mecanismo de busca e a otimização do mecanismo de busca são as ferramentas publicitárias mais almejadas, mais relevantes, com menor custo e ao mesmo tempo menos invasivas já concebidas. Nas mãos certas, elas podem realizar o potencial total do compromisso, endereçabilidade, acessibilidade e viabilidade econômica do marketing iDireto.

Nota

1. A avaliação da qualidade é uma métrica dinâmica utilizada pelo Google para determinar a relevância de um anúncio de busca pago.

Capítulo

7

Marketing Móvel: Mantendo o iDireto na Palma da Mão do Seu Cliente

Vivemos em um mundo móvel. Vivemos em um mundo onde a maioria da população global carrega consigo um celular ou terminal móvel sem fio. Não foi sempre assim. A Motorola lançou o celular no início dos anos 1980. Naquela época, existiam poucos milhares de assinantes móveis.

Os analistas previram o crescimento do uso do celular nos próximos anos. Com o avanço rápido em 1/4 de século, o uso do celular cresceu em um ritmo mais rápido do que qualquer um poderia supor. Da mesma forma, será o impulso motivador do novo **marketing iDireto** e **iBranding**, em uma velocidade acima de qualquer expectativa.

Estima-se que aproximadamente 60% da população global atual, por volta de 4 bilhões de pessoas, possui um celular[1]. Nos Estados Unidos, a inserção do celular atingiu aproximadamente 75% da população, ou 232 milhões de assinantes móveis individuais[2]. Nenhum outro canal de mídia,

112 REDEFININDO MARKETING DIRETO INTERATIVO NA ERA DIGITAL

incluindo televisão, rádio, mídia impressa ou até mesmo a internet, alcançou este nível de penetração no mercado tão rapidamente como ocorreu com o celular[3].

O impacto do celular na sociedade foi significativo. É cada vez mais evidente que o celular muda o comportamento do cliente, a comunicação, o consumo do conteúdo e os padrões comerciais. Para exemplificar, um estudo recente da Associação de Marketing Móvel (www.mmaglobal.com) evidencia que a maioria dos participantes revela que o celular é parte integrante do seu cotidiano[4]. Na verdade, quase 20% da população norte-americana preferiu deixar de lado o telefone convencional e ter o celular como sua única opção de telefonia. E um adicional de 14,5% da população declara que tem o telefone convencional, porém não o utiliza, visto que o celular é sua opção principal de telefonia[5].

A crescente dependência do celular está afetando o modo pelo qual as pessoas se comunicam. Ele está destinado a tornar-se um dos canais mais poderosos de desempenho do **iDireto** a custo baixo e altamente eficiente. Nielsen Mobile, uma empresa líder em pesquisa móvel, relatou recentemente que a voz não é mais o principal canal de comunicação do celular utilizado pelos assinantes móveis. Esta honra agora é atribuída à mensagem de texto. Nielsen Mobile declara que o assinante comum envia 357 mensagens e utiliza 204 minutos de voz[6]. Além disso, além de a mensagem de texto ser utilizada por quase 58% de todos os assinantes móveis nos Estados Unidos (Nielsen Mobile, 2009) um número crescente de pessoas (aproximadamente 20% dos assinantes de telefonia móvel) atualmente acessa a internet móvel de seus telefones[7].

A adoção da internet móvel não mostra sinais de desaceleração; na verdade, ela está crescendo. Por exemplo, o uso da internet móvel pelos proprietários do iPhone da Apple excede significativamente o uso dos outros telefones móveis. Aproximadamente 85% dos usuários do iPhone utilizam a internet móvel (Nielsen Mobile, 2009). Cada vez mais pessoas estão recorrendo aos seus celulares para buscar notícias e informações, tais como relatórios sobre o clima em tempo real, ou até mesmo comprar pizza. Papa John's relatou que, no ano passado, a empresa faturou mais de 1 milhão de dólares nos primeiros cinco meses após o lançamento do site da empresa na internet móvel (http://mobile.papajohns.com)[8].

Não há dúvida quanto ao inacreditável âmbito de impacto dos celulares na sociedade. Eles também estão redefinindo a prática do marketing. O celular e seu conjunto de redes e provedores de serviços podem ser utilizados pelos profissionais de marketing e clientes para comunicar, atribuir e compartilhar valor de forma íntima, imediata e com custo eficaz. O que não é claro para muitos profissionais de marketing é exatamente como este novo canal funciona e como ele pode ser empregado de forma eficiente para atribuir valor recíproco entre o profissional de marketing e o usuário do celular.

Este capítulo revisa as opções que os profissionais de marketing devem considerar para utilizar com eficiência este novo desenvolvedor altamente pessoal e interativo no espectro da mídia **iDireto**. Começaremos definindo o canal móvel e os inúmeros modos de engajamento sustentados por intermédio dele. A seguir, discutiremos os fatores que os profissionais de marketing devem examinar ao incorporar o marketing móvel em suas estratégias corporativas e de marketing. Finalmente, o capítulo será concluído com um resumo dos recursos que você pode consultar para uso posterior no marketing móvel e seu efeito transformacional sobre as práticas de **marketing iDireto** e **iBranding**.

REVELANDO O CANAL MÓVEL

A maioria dos aparelhos móveis de hoje dificilmente seria reconhecida em comparação aos "tijolos" analógicos, de 850 gramas que anteriormente eram carregados por vendedores ambulantes e pelos primeiros usuários. De um lado, o celular atual pode ser um equipamento leve para fazer e receber ligações ou para desenvolver serviços rudimentares de dados, tais como acessar a internet ou enviar mensagens de texto. No entanto, o celular pode ser uma ferramenta repleta de recursos, com múltiplas finalidades, com banda larga, conectada em rede, multimodal, com informações interativas, comunicação e comércio. O anterior é comumente mencionado como celular tradicional, ou personalizado, e o último é referido como *smartphone*.

114 REDEFININDO MARKETING DIRETO INTERATIVO NA ERA DIGITAL

Existe uma terceira classe de aparelho móvel que está surgindo – o terminal móvel dedicado, tais como o iPod touch da Apple, Sony PSP, netbook e Amazon Kindle – que o profissional de marketing também precisa ter em mente. Cada um desses aparelhos possui alguma forma de conectividade sem fio, seja WiFi ou cartão de acesso à banda larga sem fio embutido, como no caso do Kindle, que pode suportar o marketing interativo. Atualmente, a maioria dos assinantes móveis, aproximadamente 87%, adotou um celular tradicional como seu telefone principal. Os outros assinantes são os primeiros a adotar smartphones[9]. Os aparelhos dedicados não são considerados nos números de adoção do uso móvel, pois eles são um aparelho "secundário" utilizado pelos assinantes móveis ou considerado em outra classe. Essa categoria *smartphone*, repleta de recursos e dados, inclui o Apple iPhone, Google Android, Palm, BlackBerry, Microsoft Windows e Nokia Symbian. O nicho de mercado para esta categoria está se multiplicando em escala fenomenal.

Muitos consideram o canal móvel como um imenso recurso genérico; no entanto, esta visão é uma generalização erroneamente conceituada. Na verdade, existem inúmeros atalhos de comunicação interativa, atribuição e intercâmbio que são utilizados para navegar no canal móvel e interagir com o público. Tais caminhos incluem voz, mensagem de texto, mensagem de multimídia, e-mail, internet, internet móvel, bluetooth e aplicativos[10] (consulte a Figura 7.1).

Segue uma breve descrição de cada atalho:

- *SMS.* Refere-se ao serviço de mensagem curta. Este serviço é também comumente conhecido como mensagem de texto, e é composto de uma mensagem alfanumérica, que consiste em 160 caracteres ou menos, que é enviada por meio do canal móvel.

- *MMS.* Refere-se ao serviço de mensagem multimídia. Este serviço refere-se a um protocolo exclusivo para compartilhar conteúdo digital, tais como vídeos, fotos e conteúdo de áudio por meio do canal móvel. A abreviação MMS geralmente é utilizada genericamente em todas as formas de conteúdo digital, mesmo que o envio não atenda o protocolo MMS adequado.

- *E-mail.* Refere-se ao envio de conteúdo de e-mail por meio do canal móvel.

Figura 7.1 Os atalhos pelo canal móvel. Cortesia da iLoop Mobile Inc.

- *Voice.* Refere-se ao canal de voz do telefone e, para as finalidades do marketing móvel, pode adotar a forma de conversa com uma pessoa ao vivo, tais como um indivíduo em um *call center* que, por sua vez, pode acionar os serviços de dados móveis como uma resposta à chamada, ou por meio de um sistema de resposta de voz interativa (IVR – Interactive Voice Response).

- *Internet.* Refere-se à habilidade do aparelho móvel em conectar a internet em uma ampla gama de serviços de dados, incluindo a web móvel, aplicativos, serviços de conteúdo como vídeo em tempo real (por exemplo, TV móvel), assim como portais gerenciados pelo carregador móvel, tais como Verizon V Cast ou áreas T Móveis-T.

- *Web móvel.* Refere-se à experiência de navegação na internet por meio do celular.

116 REDEFININDO MARKETING DIRETO INTERATIVO NA ERA DIGITAL

- *Bluetooth.* Refere-se ao canal de rádio Bluetooth de curto alcance, tipicamente utilizado para conectar um telefone por meio de *headsets* sem fio e dispositivos periféricos relacionados, embora possa ser utilizado para enviar conteúdo ao celular.

- *Aplicativos.* Referem-se aos utilitários de softwares e serviços baixados no celular.

DEFINIÇÃO DE MARKETING MÓVEL

Aqui está um conceito simplificado de marketing móvel. Primeiramente, considere a parte do marketing, definida pela Associação Americana de Marketing (http://www.marketingpower.com): "A atividade, conjunto de instituições e os processos para criar, comunicar, enviar e compartilhar ofertas que têm valor para os consumidores, clientes, parceiros e a sociedade em geral."[11] Portanto, o marketing móvel pode ser visualizado como um conjunto de atividades, instituições e processos empregados pelos profissionais de marketing para comunicar, enviar e compartilhar valor com membros de seu público por meio do canal[12].

O marketing móvel é desenvolvido em duas formas: direta ou indireta. O marketing direto móvel refere-se à prática de marketing diretamente com indivíduos por meio do canal móvel. O marketing direto móvel pode ser um marketing *push* proativo ou um marketing *pull* passivo. Com a forma proativa, um profissional de marketing inicia proativamente um engajamento com um indivíduo; por exemplo, um profissional de marketing pode enviar uma mensagem de texto diretamente ao telefone do indivíduo. Com a forma passiva, o profissional de marketing pode organizar um site móvel ou canal de resposta de voz, e um cliente inicia a interação visitando o site ou solicitando o serviço de voz. Este contexto transforma o celular em um componente proeminente de **marketing iDireto** da geração futura.

PRECAUÇÃO DO PROFISSIONAL DE MARKETING

Com o intuito de praticar o marketing móvel *push* proativo, os profissionais de marketing devem obter consentimento prévio. A opção do indivíduo antes de iniciar qualquer forma de comunicação direta por meio do canal móvel é uma parte vital do processo. O requisito para o consentimento prévio é definido pelas melhores práticas da indústria e pelos regulamentos federais, tais como as diretrizes publicadas pela Associação de Marketing Móvel (www.mmaglobal.com) e pela Associação de Marketing Direto (www.the-dma.org).

Os profissionais de marketing devem considerar o fato de que uma única resposta do cliente a uma motivação para ação (por exemplo, uma resposta ao anúncio) não denota permissão para interação contínua. O profissional de marketing deve obter permissão explícita para a interação contínua. Para se conectar a um indivíduo ou obter permissão para a interação contínua, o profissional de marketing pode utilizar canais alternativos e fazer a oferta com uma motivação para ação. O uso de recursos alternativos para convidar alguém para se engajar no marketing móvel por telefone ou texto é uma prática comum do **iDireto**.

O marketing móvel pode ser utilizado em combinação com os canais tradicionais e inéditos da mídia, tais como televisão, rádio, mídia outdoor, mídia impressa, internet e e-mail.

Esta prática é referida como *marketing móvel indireto*. Por exemplo, em 14 de maio de 2009, durante uma transmissão televisiva do *American Idol*, foi solicitado aos espectadores que enviassem uma mensagem de texto "ao vivo" com o código curto comum 90999 para doar US$ 5 para manter uma criança viva (www.keepachildalive.com) uma organização dedicada a ajudar na luta contra a disseminação do HIV/AIDS. O grupo recebeu, supostamente, mais de US$ 450.000 de 90.000 doadores em uma única noite[13]. Em outro exemplo, a Money Mailer (www.moneymailer.com), um provedor líder de serviços de marketing direto, relata uma tremenda elevação no reembolso do cupom e alto retorno sobre o investimento (ROI) nos programas de marketing, geralmente excedendo uma taxa de reembolso de 12% com cupons de correspondência compartilhados pelo marketing móvel[14] (consulte a Figura 7.2).

Figura 7.2 A Money Mailer compartilhou cupom de correspondência com reforço móvel. Cortesia da Money Mailer LLC.

INTERFACEANDO O MARKETING MÓVEL COM SUA ESTRATÉGIA GLOBAL

Com base na definição previamente apresentada de marketing móvel, como os profissionais de marketing incorporam o marketing móvel em suas estratégias corporativas e de marketing?

A finalidade de uma estratégia de marketing é mobilizar, alinhar e orçar os recursos organizacionais e industriais necessários para atingir todos os objetivos da organização. Em outras palavras, a estratégia e a tática representam a ponte que liga as aspirações organizacionais às ações concretas necessárias para cumprir o plano.

Para desenvolver uma sólida estratégia de marketing móvel, é imperativo que você primeiramente obtenha uma visão geral de seu negócio. Você precisa avaliar os fatores que afetam sua estratégia global antes de decidir onde o marketing móvel apresenta os melhores resultados. O marketing móvel não é a própria razão, mas sim um novo instrumento extraordinariamente versátil disponibilizado para seu comando, possibilitado pelos extraordinários avanços na tecnologia. Representa uma dentre as muitas habilidades do seu arsenal de **iDireto** e **iBranding**, para ajudá-lo a alcançar suas metas de marketing. Antes de tudo, você precisa de:

- Uma visão bastante nítida do público-alvo que você quer atingir, de preferência segmentado em componentes individuais. Você quer um perfil o mais detalhado possível de cada segmento do componente ou de cada componente individual.

- Compreensão e articulação clara do valor que seu produto ou serviço possui no mercado e como ele atende às necessidades de cada componente no público.

- Articulação clara das metas da empresa de modo facilmente compreensível e mensurável.

O marketing móvel eficiente depende de sete fatores influentes que conduzem a aplicabilidade da tomada de decisão estratégica[15].

A Tabela 7.1 sumariza esses fatores. Uma consideração criteriosa de cada um dos fatores operacionais deve ser conscientemente administrada pelo profissional de marketing para obter os melhores resultados no marketing móvel.

Para resumir os fatores relatados anteriormente, segue um cartão de pontuação da aplicabilidade do mercado de massa do atalho móvel (Tabela 7.2).

Tabela 7.1 Fatores da aplicabilidade do marketing móvel

Fator	Descrição	Exemplo do impacto
Interoperabilidade	Refere-se à capacidade ou atalho móvel específico, tais como SMS ou funções de câmera, de atuar ou não por meio de um operador móvel e redes sem fio, e também se a capacidade é suportada nos dispositivos móveis.	O SMS é suportado em quase 99% dos telefones e é interoperável em quase todas as redes principais de operadora móvel. O marketing móvel por meio do Bluetooth aplicável é suportado em um número limitado de aparelhos de telefone e redes móveis. Para essa finalidade, o SMS tem alcance do mercado de massa, embora o Bluetooth não possua tal alcance.
Normas e políticas	Refere-se à existência ou não de normas técnicas e comerciais e políticas industriais para governarem o uso eficiente de um atalho ou capacidade móvel específica.	A Associação de Marketing Móvel (www.mmglobal.com) estabeleceu diretrizes industriais claras e concisas, "melhores práticas do cliente da associação de marketing móvel". Essas diretrizes se aplicam em muitas formas de atalhos de marketing móvel do mercado de massa, tais como SMS, web móvel e voz, embora estejam limitadas em relação aos atalhos do nicho de mercado, tais como os aplicativos. Para essa finalidade, o SMS, voz e a web móvel possuem normas claras, embora para outros canais as normas ainda estejam em desenvolvimento.
Adoção do aparelho móvel	Considera até que ponto um modelo específico de aparelho móvel, capacidade e serviço têm proliferado no mercado e está nas mãos dos assinantes móveis.	A Motorola Razr e os telefones tradicionais similares apresentam uma penetração significativa de mercado e são ideais para voz e SMS, e para uso limitado na internet móvel. Os *smartphones* representam aproximadamente 12% da parcela do mercado global da telefonia móvel. O iPhone é responsável por menos de 2%. Ambos são perfeitos para aplicativos para download e serviços relacionados. Para essa finalidade, os profissionais de marketing devem compreender os tipos de telefones que as pessoas estão utilizando. Se eles promovem um serviço, por exemplo, um aplicativo de iPhone, eles devem compreender que seu alcance de mercado atualmente será limitado a menos de 2% do mercado de massa.

Fator	Descrição	Exemplo do impacto
Adoção do recurso do aparelho móvel	Considera até que ponto a capacidade e o recurso de um aparelho móvel específico foram adotados pelos assinantes móveis	Uma estimativa de 58% dos assinantes móveis utilizam mensagem de texto, enquanto 27% acessam regularmente a internet móvel, e apenas 2% utilizam aplicativos para download. Para essa finalidade, se um profissional de marketing estiver pensando em lançar um programa de marketing móvel, é importante considerar o que as pessoas fazem com seus telefones.
Adequabilidade do atalho móvel	Considera até que ponto o canal móvel e um atalho específico estão isentos do conflito do sistema de valor industrial.	Voice é um canal extremamente aberto e bem compreendido, assim como a internet móvel. Embora o SMS seja tecnicamente maduro, ainda existe conflito significativo no canal, resultante da necessidade da aprovação da operadora móvel e dos requisitos constantes de monitoramento e adesão à conformidade. Com o MMS, o processo está quase todo bloqueado em razão do conflito industrial. Um profissional de marketing deve compreender a adequabilidade de um atalho móvel para que o conflito industrial não afete um programa ou a estratégia da organização ao utilizar o canal.
Geografia	Considera até que ponto a geografia desempenha uma função no lançamento de programas móveis.	Normas, leis e regulamentos industriais, serviços móveis, redes de portadores, e políticas de execução variam significativamente entre as regiões e dentro de países específicos por todo o mundo. Por exemplo, códigos curtos comuns, os códigos de cinco a seis dígitos utilizados para enviar comercialmente mensagens de texto (consulte www.usshortcodes.com) não se aplicam além das fronteiras.
Perfis do cliente	Reconhece o fato de que os fatores que compõem o perfil do cliente, incluindo idade, gênero, etnia, educação, renda, tipo de aparelho utilizado, rede, comportamento, perfil fisiográfico e preferências afetam o potencial dos membros do público do profissional de marketing para o engajamento e a eficiência de uma estratégia ou tática específica de marketing móvel.	Nos Estados Unidos, sabe-se que a adoção da mensagem de texto atinge aproximadamente 58% da população total; entretanto, seu uso varia expressivamente entre 25% e 84% ao longo de vários fatores que compõem o perfil do assinante móvel (Nielsen Mobile, 2009). Da mesma forma, o uso do modelo de telefone, tais como o iPhone, também varia de acordo com os perfis.

122 REDEFININDO MARKETING DIRETO INTERATIVO NA ERA DIGITAL

Tabela 7.2 Cartão de Pontuação da Aplicabilidade do Marketing de Massa do Atalho Móvel.

Fator	Voz	SMS	Internet Móvel	MMS	E-mail	Bluetooth	Internet	Internet/aplicação
Interoperabilidade	X	X	X	X			X	
Normas e políticas	X	X	X		X		X	
Adoção do aparelho móvel	X	X	X	X				
Adoção do recurso do aparelho móvel	X	X		X				
Adequabilidade do canal móvel	X	X	X					
Geografia	X		X				X	
Perfil do cliente	X	X	X					
Taxa de aplicabilidade	7/7	6/7	6/7	3/7	1/7	0/7	3/7	0/7

Conforme você pode observar no cartão de pontuação, a voz, o SMS e a Internet móvel atuam bem nos programas de mercado de massa e engajamento com o cliente, embora os outros atalhos não estejam considerados nos nichos de mercado. A Figura 7.3 ilustra esta questão.

COMO OS PROFISSIONAIS DE MARKETING FAZEM O MARKETING MÓVEL PRODUZIR EFEITO

Existem muitas coisas que você pode fazer com o marketing móvel, assim como existem ideias criativas que os profissionais de marketing podem sugerir. Descobrimos que um dos melhores modos de classificar os programas de marketing móvel é por meio das lentes do ciclo de vida do cliente.

Os profissionais de marketing devem considerar se o programa tem como finalidade adquirir novos clientes, desenvolver, manter ou expandir as relações existentes, ou sustentar e/ou encorajar os clientes a compartilharem suas experiências com o engajamento da marca.

A Figura 7.3 ressalta sete exemplos sólidos do marketing móvel em ação.

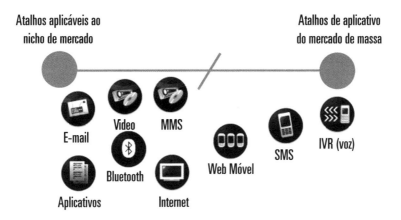

Figura 7.3 Mapeamento do marketing do atalho móvel. Cortesia da iLoop Mobile.

A IMPORTÂNCIA DE ACERTAR A EXECUÇÃO

A etapa final no desenvolvimento de uma estratégia de marketing móvel é o foco na execução. Existem cinco requisitos (consulte a Tabela 7.4) a serem considerados na execução de suas ideias criativas do marketing móvel – estratégia, execução tática e criativa, plataforma (tecnologia) e analítica e avaliação que devam ser consideradas[16].

A Figura 7.4 mostra a relação entre cada um desses requisitos e ajuda a ilustrar a sequência contínua do *expertise* do marketing móvel.

Dois modos de contemplar o *know-how* necessário para ter êxito com o marketing móvel influenciado pelo **iDireto** são representados na Figura 7.4 pelos triângulos de *expertise* sobrepostos nos cinco requisitos. Existem dois triângulos de *expertise*, um para marketing e outro para a tecnologia e soluções. O marketing móvel requer um conteúdo significativo de ambos os triângulos. Pouquíssimas empresas foram bem-sucedidas a longo prazo sem dominar cada um desses aspectos do marketing móvel.

Tabela 7.3 Estudos de caso do marketing móvel personalizado.

Campanha	Estágios do ciclo de vida	Descrição
Obama para a América[1]	Aquisição do cliente; relacionamento; suporte; boca a boca	O marketing móvel desempenhou um papel fundamental na corrida do Presidente Obama para a Casa Branca. A equipe "Obama para a América" utilizou alertas de texto, um website móvel, envio de conteúdo móvel, voz interativa, aplicativos de iPhone e mais alguns recursos para ajudar a vencer a eleição. Os membros da equipe de Obama anunciaram a nomeação do vice-presidente por meio de mensagem de texto; voluntários foram recrutados por meio de texto; os dados dos eleitores inicialmente colhidos e as questões por meio de voz; conteúdo compartilhado, eleitores estimulados a motivarem seus amigos e muito mais por meio de todos os canais móveis. Eles promoveram os programas de Obama diretamente por meio do canal móvel, assim como por meio da intensificação móvel das mídias tradicional e nova, incluindo flyers, sites de rede social, etiquetas em brindes, internet etc. Essa campanha demonstra claramente que o marketing móvel é eficiente dentro de uma estratégia multicanal e multianual objetivando o engajamento nacional e regional.
Daisy Maids[2]	Aquisição do cliente	No início de 2009, uma franquia regional da Daisy Maids em Salt Lake patrocinou um concurso que foi promovido por meio do rádio. O patrocínio custou US$ 1.000 e consistiu de um anúncio colocado no final de cada resposta de texto enviada a cada ouvinte inscrito na promoção. A motivação para ação no rádio constatou pessoas enviando texto para ganhar quatro pares de ingressos para um show. A atuação com o rádio durou uma semana, e 24.000 pessoas responderam via texto para se inscreverem para a promoção, cada qual recebendo uma mensagem de confirmação via texto; na resposta estava o anúncio da franquia, que foi inserido no final da resposta: "Precisa de uma casa limpa, responda CLEAN". No total, 700 responderam "CLEAN" e 80%, ou 560 desses participantes, tornaram-se novos clientes. Este caso enfatiza a questão de que não há necessidade de índices imensos de resposta para ter um impacto significativo sobre o negócio do profissional de marketing.

Mantenha uma Criança Viva[3]	Aquisição do doador; construção do relacionamento	Em 14 de maio de 2009, durante um programa de televisão, o *American Idol,* foi sugerido aos espectadores que enviassem uma mensagem de texto para "Alive" para o código curto comum 90999 para doar US$ 5 para manter uma criança viva (www.keepachildalive.com), uma organização dedicada ao auxílio na luta contra a disseminação do HIV/AIDS. O grupo recebeu, supostamente, mais de US$ 450.000 de 90.000 doadores na exibição do programa naquela noite. Os esforços filantrópicos e orientados para a causa representam um componente fundamental em muitas estratégias de marketing. Até a presente data, a Fundação de Doações Móveis (http://mobilegiving.org/Charities.aspx) e seus associados em aplicativos ajudam mais de 100 instituições de caridade, levantando fundos para suas causas. Motivações para ações orientadas a doações são promovidas por meio da web, internet móvel, mídia impressa, eventos ao vivo, na televisão e no rádio, e por intermédio de outros canais. Os associados da Fundação de Doações Móveis incluem iLoop Mobile, mGive, redes de distribuição, entre outras.
TCBY e Money Mailer Couponing[4]		Uma franquia de iogurte congelado TCBY começou a atuar com a empresa de marketing direto Money Mailer no início de 2009. A franquia promoveu uma motivação para ação móvel, "Iogurte Grátis envie palavra-chave para código curto" em tampo de mesa, *banners*, adesivos em janelas, mesas de leitura, xícaras do produto e a mídia relacionada, para gerar opções e orientar o tráfego na loja. Em um curto período, a campanha gerou 500 aceitações e uma taxa de 12% de reembolso. Os membros da equipe foram treinados para apresentar a configuração do rótulo ao cliente, sugeriram o novo programa ao cliente e explicaram como optar, esclarecendo aos clientes que tal procedimento é isento de custo. O número de telefone da loja foi colocado na mensagem de texto de saudação, para que os clientes soubessem a localização da TCBY. Dessa forma, até as pequenas empresas podem ter êxito com o marketing móvel, e transformar as campanhas de marketing inerte de via única em canais *iDireto*.
Jaguar[5]	Aquisição do cliente	Em 2008, a Jaguar desenvolveu uma campanha publicitária móvel de dois meses nos Estados Unidos promovendo o lançamento do novo Jaguar XF 2009, um avançado carro de luxo. Segundo a Mischler, 15 milhões de impressões de anúncios conduziram mais de 85.000 visitantes inéditos ao website móvel da campanha que baixaram 12.000 vídeos e 16.000 papéis de parede. Além disso, 1,6% dos visitantes solicitaram panfletos e 2,6% solicitaram *test-drives* na concessionária mais próxima. Resultados similares em campanhas podem ser observados por toda a indústria automotiva. Não há dúvida de que a campanha móvel desempenha um papel fundamental para motivar clientes e promover as vendas no varejo de forma econômica.

Tabela 7.3 Estudos de caso do marketing móvel personalizado. (*Continuação*)

Campanha	Estágios do ciclo de vida	Descrição
Associação de Marketing Direto (Direct Marketing Association – AMD) 08[6]	Atendimento ao cliente	Durante o evento anual de 2008, DMA 08 (www.the-dma.org), a Associação de Marketing Direto ofereceu uma série de serviços móveis, incluindo um serviço de recepcionista móvel, serviços de alerta de texto e *website* móvel. Por exemplo, o serviço de recepcionista móvel possibilitava aos participantes do evento redigir uma pergunta, qualquer dúvida, para um código curto durante o evento, e uma recepcionista na cabine da apresentação replicava em tempo real com uma resposta relacionada à questão. Além disso, os participantes podiam visitar o *website* móvel da apresentação para obter a programação do evento e outras informações sobre a apresentação. A CTIA (www.ctia.org) desenvolve serviços similares em seus eventos, incluindo um visor de cabine, serviços de votação e uma ampla gama de serviços diversificados de atendimento/engajamento com o cliente.
Campanha Móvel da Transformers[7]	Viral e boca a boca	Há certo tempo, os estúdios de cinema e entretenimento vêm adotando o marketing móvel. A E! On-line, por exemplo, oferece aplicativos iPhone, alertas de texto, jogos, *sites* de internet móvel on-line (consulte (http://www.eon-line.com/everywhere/mobile/index.jsp). Eles estão utilizando também serviços de voz e voz interativa. Por exemplo, a Paramount Pictures, com o lançamento de *Transformers*, em 2009, apresentava uma campanha na qual o usuário poderia utilizar um aplicativo on-line para que o personagem Optimus Prime do filme enviasse uma mensagem personalizada a um amigo, juntamente com um convite para ambos criarem suas próprias mensagens e comprarem o DVD Transformers. A campanha promoveu o engajamento de mais de 1,27 milhão de receptores inéditos em 20 dias com a mídia móvel.

1. Khan,M. A., "Why Barack Obama is Mobile Marketer of the Year", 2009, acessado em 31 de maio de 2009, disponível em http://www.mobilemarketer.com/cms/news/advertising/2462.html.2009.

2. Willmore, C., "HipCricket Christine Willmore 80% Close Rate for Daisy Maids", 2009, acessado em 31 de maio de 2009, disponível em http://www.youtube.com/watch?v=CCsHGCSE4.

3. Keep a Child Alive, "Keep a Child Alive Raised $ 450.000 during *American Idol*, em 14 de maio de 2009", acessado em 23 de maio de 2009, disponível em http://mobilegivinginsider.com/post/107886376/keep--a-child-alive-raised-450-000-during-american.

4. Gray, S., e M. Becker, "Mobile Couponing: Generating Sales and Consumer Engagement", apresentado na série Mobile Labs Webinar, San Jose, CA, em 23 de junho de 2009.

5. Mischler, A., e M. Becker, "Mobile Web Marketing: Usage and Attitudes... and the 10 Mistakes", dissertação apresentada na Associação de Marketing Direto, 2008.

6. DMA 08, www.the-dma.org.

7. Andronikov, A. S., "Mobile as an Effective Media Channel for Movie Studios", 2009, acessado em 31 de maio de 2009, disponível em http://www.mobilemarketer.com/cms/opinion/columns/3168.html.

Tabela 7.4 Blocos de construção estratégica e tática do marketing móvel.

Bloco de construção	Descrição
Estratégia	Conforme discutido anteriormente, a estratégia é o modo pelo qual a empresa organiza e alinha os recursos organizacionais e industriais necessários para alcançar suas metas em âmbito total. Para atingir este objetivo, todos os fatores pertinentes devem ser considerados.
Criativo	O bloco criativo aborda todos os elementos que os profissionais de marketing precisam para agregar, desenvolver e criar o aspecto, a impressão e o fluxo de seus programas de marketing móvel. Isso inclui conteúdo, imagens, esquemas de cor, experiência do usuário, fluxos do usuário, e assim por diante. Abrange qualquer retórica de mensagem eletrônica ou plano de comunicação que os profissionais de marketing utilizam em seus conteúdos e motivações para ação, e todos os elementos de campanha que irão destacá-la do contexto competitivo. A criatividade do profissional de marketing deve propiciar ao seu programa uma singularidade que reflita o intento do programa (lembre-se de que as seleções do conteúdo serão o ponto essencial para criar a singularidade). Os profissionais de marketing não devem permitir que noções preconcebidas sobre o que eles pensam poder ou não poder fazer limitem sua criatividade. Ao contrário, eles devem considerar a consulta com um *expert* em marketing móvel – caso eles se sintam limitados – para ajudá-los a desenvolver um programa dentro do orçamento disponível e das capacidades de seus recursos disponíveis. O marketing móvel não precisa ser complicado e caro para exercer impacto.
Execução tática	A execução tática aborda todas as etapas detalhadas e minúcias das iniciativas do marketing móvel do profissional de marketing, desde a concepção até a entrega, manutenção e eventual conclusão (consulte o item a seguir para obter uma discussão adicional sobre a execução tática).
Plataforma (tecnologia)	Plataforma (tecnologia) é o próximo bloco na matriz do marketing móvel, e aborda toda a tecnologia e *know-how* gestorial relacionado (software, hardware, aplicativos, conexões com suportes móveis etc.) necessários ao lançamento de programas de marketing em um ou mais atalhos do canal móvel.
Analítica e avaliação	O bloco de analítica e avaliação está estreitamente ligado ao bloco da plataforma (tecnologia), no qual os dados para a analítica e avaliação são colhidos pela plataforma/solução do marketing móvel. Entretanto, a analítica e a avaliação são uma concepção que aborda não apenas a coletânea de dados, mas também a análise de dados e a geração de conhecimento útil a partir destes. A analítica de dados conduz à tomada de decisão orientada para ação que posteriormente afeta a futura execução estratégica, criativa e tática, e as decisões de plataforma. Além disso, os profissionais de marketing conseguem obter um *insight* extraordinário quanto aos comportamentos e preferências de seu público ao combinarem os dados do marketing móvel com os resultados tradicionais e inéditos do marketing de mídia.

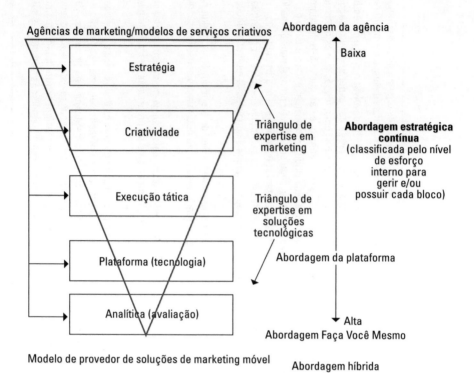

Figura 7.4 Blocos de construção estratégica e *expertise* contínuo.

A maioria das empresas apresenta bom desempenho em apenas um ou outro ângulo do espectro. Elas focam o desenvolvimento profundo de *expertise* tecnológico, ou desenvolvem uma brilhante estratégia de marketing e *expertise* criativo. Normalmente, os profissionais de marketing começam contratando uma agência para lançar uma série de iniciativas, ou seja, eles vão terceirizar o empreendimento para lançar os programas. Com o passar do tempo, à medida que os profissionais de marketing se ajustam à mídia, começam a ter mais controle do processo interno. Em geral, eles acabam adotando uma abordagem de plataforma, na qual eles certificam uma plataforma de soluções do marketing móvel, ou abordagem híbrida, em que eles controlarão partes de cada bloco e se associarão a outras partes.

Para que os profissionais de marketing concluam a mobilização de recursos e o planejamento de sua estratégia de marketing móvel, é necessário primeiramente compreender os investimentos e ignorar os custos da campanha tática. Existe também a necessidade de desenvolver um cronograma da campanha.

Para elucidar essas considerações, consulte o artigo "Mobile Marketing Budgeting: A Look at Mobile Marketing Cost Centers and Timeline", disponível em http://iloopmobile.com/blog/?p=216.

CONSIDERAÇÕES TÁTICAS PARA CAMPANHAS MÓVEIS DE IDIRETO

Ao obter uma compreensão plena sobre os fatores que influenciam a utilização do marketing móvel para atingir seu público-alvo e alcançar uma visão clara da direção estratégica, você pode começar a buscar a série quase ilimitada de interações possíveis.

O marketing móvel tem sido utilizado para engajar com êxito clientes em todos os estágios do ciclo de vida do consumidor. Os profissionais de marketing podem utilizar o marketing móvel para:

- adquirir novos clientes;
- intensificar e retribuir a lealdade do cliente;
- gerar percepção da marca;
- monetizar o conteúdo;
- prover serviço conveniente e interativo ao cliente;
- organizar a assistência aos eventos ao vivo e no varejo;
- promover produtos e serviços, geralmente por meio de cupons, sorteios e outras promoções;
- criar reforço viral da marca ao cliente em âmbito individual;
- facilitar o marketing relacionado à causa.

Em geral, o objetivo desses programas é construir e manter um banco de dados de opções de números de celular cujos proprietários expressaram interesse na proposição e autorizaram o recebimento de comunicação futura do profissional de marketing. Esse mercado de dados de números de telefone pode, de fato, tornar-se o empreendimento mais importante do profissional de marketing **iDireto**. É evidente que o número de celular muda com menos frequência do que o e-mail das pessoas, casa, números de telefone comercial e endereços residenciais ou comerciais.

Tabela 7.5 Mantendo-se atualizado no marketing móvel

Fonte	Descrição
Publicações	Existe uma série de livros e publicações. Para obter uma lista concisa de publicações importantes, consulte M. Becker, "Mobile Marketing Statistics and Resources", disponível em http://iloopmobile.com/blog/wp-admin/page.php?=editpost=59.
Blogs	Existem inúmeros blogs que conduzem a indústria de blogs, incluindo: http://www.mobithinking.com; http://www.mobilemarketingwatch.com; http://www.smstextnews.com; http://www.Moconews.net; http://www.fiercewireless.com/; http://www.wikipedia.com; http://www.mobilecrunch.com; http://www.mobileactive.org; http://www.mobilemarketingmagazine.co.uk; http://www.blog.nielsen.com/nielsenwire/tag/mobile-internet/.
Pesquisa comercial	Existe uma série de grupos bastante confiáveis de pesquisa comercial que abordam a eficácia do marketing móvel: comScore, Nielsen Mobile, Yankee Group, Frost & Sullivan, The Garnter Group, The Aberdeen Group, e inúmeros outros que podem ser acessados na internet.
Provedores de serviços comerciais e *sites* de redes sociais	Muitos provedores de serviço oferecem acesso a dados de mercado extraordinariamente perspicazes dos *websites* de suas empresas e de sua presença na rede social no Facebook, Twitter e YouTube. Esses participantes incluem Bango, iLoop Mobile, Millenial Media, Ad Mob, dotMobi e Administração de Códigos Curtos dos Estados Unidos, embora não se limitem a estes.
Grupos de comércio industrial	Os grupos líderes de comércio industrial do marketing móvel são a Associação de Marketing Móvel, a Associação de Marketing Direto, a Fundação da Educação de Marketing Direto, o Bureau de Publicidade da Internet, InMobile.org, dotMobi Advisory Group, CTIA, 3GSM, entre outros.

Na realidade, o número do celular geralmente se torna um número de identificação global. Para os profissionais de marketing, isso representa o que pode ser a forma mais confiável de engajamento interativo. O profissional de marketing móvel (www.mobilemarketer.com) é um recurso fantástico para visualizar exemplos de programas de marketing móvel das principais marcas industriais e iniciativas empreendedoras.

As táticas de campanha utilizadas com maior frequência para atingir seus objetivos de marketing móvel incluem:

- Publicidade móvel com a inserção de:
  - *banner* interativo e anúncios de texto dentro dos websites móveis;
  - *banner* interativo e anúncios de texto em portais de suporte móvel;
  - busca móvel;
  - alertas de texto de notícias e informações patrocinados por terceiros;
  - anúncios no fluxo durante a programação de vídeo ou áudio.
- Inclusão de mensagem de texto para motivações para ação e links da internet móvel, segundo e terceiro códigos de barra nas embalagens do produto, e anúncios impressos ou na TV, tais como "Text Win to 12345" (por exemplo, reforço móvel da mídia tradicional).
- Mensagem de texto de sorteios, votação, torneios, promoções específicas, e/ou elaboração de lista.
- Cupons ou promoções por meio do SMS.
- Aplicativos, com grande parte disponível para iPhone.
- Promoção de marketing direto e vendas para listas autorizadas.

AGORA É SUA VEZ

O marketing móvel é uma prática emergente. As evidências iniciais mostram que ele pode ser um recurso extremamente eficiente para adquirir

132 REDEFININDO MARKETING DIRETO INTERATIVO NA ERA DIGITAL

novos clientes, engajar-se com eles e intensificar seus resultados financeiros com uma ampla gama de atividades mensuráveis.

Ao contrário da web, onde o avanço da tecnologia, a adoção do cliente e a aplicação do profissional de marketing do novo canal ocorreram em paralelo, os profissionais de marketing móveis, em geral, se situam atrás da curva de adoção do cliente. A tecnologia está presente, e muitos clientes têm comprado na mídia. Na verdade, para muitos clientes, este é o recurso principal de comunicação. Chegou o momento de os profissionais de marketing se conscientizarem de que existe muito a ser feito, e começarem a incorporar plenamente este canal como suporte para relacionamentos íntimos, interativos e engajadores com os membros de seu público-alvo.

A melhor conexão com o mundo ao seu redor e com o mundo além de você está na palma de suas mãos. Da mesma forma, é onde residem as futuras oportunidades do **marketing iDireto** e **iBranding** sempre presentes e on-line. A eficiência com que você coloca o celular em uso no marketing pode torná-lo o primeiro a obter uma extraordinária vantagem competitiva.

Notas

1. "Mobile Phone Subscribers Pass 4 Billion Mark", *Cellular-news*, 13 de dezembro de 2008, acessado em 23 de maio de 2009, http://www.cellular-news.com/story/35298.php.

2. "Iphone Hype Holds Up" ComScore, 2009, http://www.marketwire.com/press-release/MMetrics-833439.html.

3. Ahonen, T., "Putting 2.7 Billion in Context: Mobile Phone Users", acessado em 23 de maio de 2009, http://communities-dominate.blogs.com/brands/2007/01/putting_27_bill.html.

4. Mobile Marketing Association, Mobile Attitude & Usage study, 2008.

5. Blumberg, S. J., e J. Luke, "Wireless Substitution: Early Release of Estimates from the National Health Interview Survey", de julho-dezembro 2008, acessado em 23 de maio de 2009, http://cdc.gov/inchs/data/nhis/earlyrelease/wireless200905.htm.

6. Reardon, M, "Americans Text More than They Talk", acessado em 23 de maio de 2009, http://news.cnet.com/8301-1035_3-10048257-94.html.2008.

7. McLaren, J., "The Next Big Things: Mobile Internet & Applications – Gaining Momentum", ComScore, 2009 (procedimento de conferência).

8. Khan, M. A., "Papa John's Generates $ 1M in Mobile Web Sales", 2009, acessado em 23 de maio de 2009, http://www.mobilemarketer.com/cms/authors/5.html.

9. McLaren, J., "The Next Big Things: Mobile Internet & Applications – Gaining Momentum".

10. Arnold, J., I. Lurie, M. Dickinson, E. Marsten, e M. Becker, *Web Marketing All-in-One Desk Reference for Dummies*, Indianópolis: Wiley, 2009.

11. Lotti, M., e D. Lehmann, "AMA Definition of Marketing", 2007, acessado em 23 de maio de 2009, http://www.marketingpower.com/Community/ARC/Pages/Additional/Definition/default.aspx.

12. Arnold e colaboradores, *Web Marketing All-in-One Desk Reference for Dummies*.

13. "Keep a Child Alive Raised $ 450,000 during *American Idol*", 14 de maio de 2009, acessado em 23 de maio de 2009, http://mobilegivinginsider.com/post/107886376/keep-a-child-alive-raised-450-000-during--american.

14. Gray, S., e M. Becker, "Mobile Couponing: Generating the Mobile Labs Webinar Series, San Jose, CA, 2009, http://resourcecenter,iloopmobile.com/?q=mode/183.

15. Becker, M., "What is in the Data? Leveraging Mobile ad Network Data", *Journal of Targeting, Measurement and Analysis for Marketing*, 16(1), 2007, p. 3-6.

16. Becker, M., "Mobile Marketing's Strategic Building Blocks", 2008, acessado em 23 de maio de 2009, http://iloopmobile.com/blog/?p=230.

Capítulo

8

Uso da Psicologia para Orientar o Comportamento Digital

Se o marketing implica a conexão com as pessoas para orientar comportamento, então o marketing envolve psicologia. Entretanto, no contexto de marketing, raramente essa palavra é pronunciada. É algo que está legitimamente fora do foco do homem de negócios? Certamente, espero que não. A psicologia desvenda os segredos de tudo que somos e fazemos. Explica o modo pelo qual pensamos, nossas percepções do mundo e a razão que motiva nossa ação. E diante de uma decisão de compra, ela se faz presente para guiar nossa escolha.

Ao longo de mais de cem anos, os acadêmicos em psicologia estudaram criteriosamente o cérebro humano e o comportamento que ele controla. Os acadêmicos que estudaram o julgamento humano descobriram como as decisões são tomadas e de que modo elas influenciam nos resultados. Os que estudaram a visão humana descobriram como alterar a percepção.

Os que estudaram o comportamento humano descobriram como motivar a ação. Os acadêmicos em psicologia dedicaram mais de 100 anos em suas torres de marfim, aprendendo como prognosticar e exercer influência sobre as ações das pessoas. No entanto, no contexto do marketing, suas descobertas foram amplamente ignoradas.

A compreensão mais abrangente do comportamento humano reside em pilhas de periódicos empoeirados em prateleiras de bibliotecas universitárias. E quando estes periódicos são consultados, as descobertas mais expressivas já realizadas sobre a razão pela qual as pessoas fazem o que fazem são escritas em uma linguagem que o mundo dos negócios não compreende. Uma grande oportunidade perdida. Tantos motivadores poderosos do comportamento humano encontram-se dormentes, aguardando que a qualquer momento sejam aplicados. Sendo assim, por que a psicologia e os negócios não caminham juntos? A verdade é que o espaço entre eles é imenso. A linguagem, as filosofias e os hábitos antiquados os dividem. Com tanto espaço entre a psicologia e os negócios, os *experts* de cada disciplina raramente conversam entre si.

No entanto, eles deveriam conversar, pois com a psicologia podemos descobrir coisas sobre nossos clientes que nem eles mesmos sabem. Com o *insight* que somente a psicologia promove, temos o poder de alterar as percepções e motivar uma ação. Portanto, é o momento de começar a criar pontes entre a psicologia e os negócios. Com este passo, experimentaremos um grau de relevância no marketing jamais observado anteriormente.

PROMOVENDO UM NOVO ESCOPO DE CONVERSA

Antigamente, o canal de marketing era quase exclusivamente uma pessoa, que atuava como marca em muitos contextos. No bazar, o marketing consistia, essencialmente, em uma conversa unilateral persuasiva. E geralmente isso era suficiente para motivar a ação.

No último século, os canais de marketing começaram a evoluir juntamente com a tecnologia. O rádio e a TV uniram-se aos jornais e revistas como canais primordiais de comunicação. Vivenciamos o crescimento da comunicação em massa, unilateral, da marca para o cliente. A era da conversação unilateral com nossos clientes foi preponderantemente extinta. A distribuição da mensagem de marketing tornou-se impositiva. Pela manhã, ouvimos rádio e possivelmente lemos um jornal durante o percurso da casa para o trabalho. Trabalhamos oito horas por dia e depois retornamos para casa para assistir a algumas horas de TV no horário nobre à noite. Havia um número limitado de canais de comunicação em massa, e nosso envolvimento com eles era padronizado e previsível. Havia pouca oportunidade para uma resposta direta. Portanto, nós simplesmente ouvíamos.

Entretanto, essa época era bem mais simples. Atualmente, os novos canais de mídia surgem em rápida sucessão e nos oferecem muito mais opções do que antes. Com o advento desses canais, o padrão de consumo da mídia foi totalmente transformado em uma experiência bilateral. Retornamos à conversa que tivemos anteriormente com marcas nas civilizações antigas. No entanto, a conversa atual é diferente de tudo que se manifestou no passado. É *mais* e *menos* pessoal. Novos canais de mídia possibilitam o diálogo bilateral como nos tempos antigos, porém fundamentado em uma base profundamente acessível e escalável. Isso gerou uma nova complexidade e simplicidade em nossa vida.

Observe o mundo que a mídia emergente criou na década passada. Ele possibilita uma comunicação assincrônica com as pessoas em outras escalas de tempo nunca acessadas. Permite compartilhar, armazenar e adquirir conhecimento em ritmo extraordinariamente rápido. Possibilita desenvolver e promover redes sociais maiores e mais duradouras do que nosso tempo livre e nossa memória já permitiram. Nós nos engajamos em novos comportamentos, como uma refeição de mídia – consumindo pedaços de mídia diariamente de vários locais, nos engajamos em multitarefa de mídia – sintonizando mais de um canal de mídia e dividindo nossa atenção entre eles.

A comunicação digital interativa que promove o **marketing iDireto** é, possivelmente, o maior avanço na tecnologia do marketing desde o advento da linha de montagem da produção em massa, de Henry Ford, e o marketing de massa que a inspirou.

Isso não é somente em razão do que a comunicação **iDireto** pode fazer por nós atualmente, mas em razão de tudo o que será produzido a partir disso no futuro. Nesse novo espaço, nós nos visualizamos sob pris-

138 REDEFININDO MARKETING DIRETO INTERATIVO NA ERA DIGITAL

mas diversificados. Criamos novas identidades. Possuímos expectativas mais ousadas. Não ficamos confortáveis em apenas ouvir. Acreditamos que devemos estar aptos a interagir diretamente com as maiores marcas, e acreditamos que as maiores marcas devem interagir diretamente conosco.

A conversa que as empresas promovem atualmente com os clientes é diferente, e as regras de engajamento com o cliente foram sucessivamente transformadas. Para engajar nossos clientes atualmente, não podemos mais estabelecer uma conexão unilateral por intermédio de um único canal de volume elevado. Atualmente, a relação cliente-marca é uma somatória de conexões *multidirecionais* de uma multiplicidade de canais de comunicação. Se quisermos realmente engajar nossos clientes, devemos encontrar um meio de observar e compreender a psicologia implícita nessas interações. Devemos encontrar um meio de tornar nossa conversa tão pessoal como quando vendíamos individualmente no antigo bazar do bairro.

ORIENTANDO A PERCEPÇÃO, INTERAÇÃO E TOMADA DE DECISÃO

Com o surgimento da mídia digital e da complexidade decorrente desta, a necessidade de aplicar *insights* psicológicos nunca foi tão grande. A psicologia orienta a percepção, a interação, a tomada de decisão e, por fim, a opção de compra.

Portanto, qual a função da psicologia no atual mix de marketing transformado? Como a psicologia pode agregar valor além do que nós já ganhamos com os métodos de marketing testados e comprovados, tais como a avaliação analítica, a observação etnográfica e a inspiração criativa?

Simplesmente implementados, estes métodos comprovados nos informam o *como* e *o que* no marketing, mas geralmente não informam o *porquê*. Ou seja, eles ajudam a informar *como* nós conectamos os clientes e *o que* dizer, mas nem sempre explicam o *porquê* nós experimentamos o sucesso ou o fracasso ao conectar os clientes e motivar as vendas.

Aqui está um exemplo do "fator motivo". Digamos que nós queremos determinar a melhor cor de fundo para uma campanha de banner de *fast-food*. Reduzimos as opções para duas alternativas, vermelho ou azul. A avaliação analítica nos informa que o banner vermelho produz índices significativamente maiores de clique em relação ao azul. A etnografia nos informa que o cliente tende a gostar mais do banner vermelho do que o azul ao visualizá-lo em suas casas. A criatividade pode ganhar inspiração de menus de *fast-food* e nos orienta a utilizar a cor vermelha para ficar consistente com a cor no menu que promove a maioria das vendas. E como resultado de todos esses dados e de apenas um, nós provavelmente acabaríamos optando pelo banner vermelho, e provavelmente obteríamos resultados satisfatórios em consequência da nossa opção.

Entretanto, somente a compreensão da psicologia humana pode informar-nos o porquê um fundo vermelho é a melhor opção. Somente a psicologia pode informar-nos que o cérebro está programado para ver o azul como um inibidor de apetite em alguns ambientes e culturas. Isso é resultado de reações evolucionárias desagradáveis ao ingerir a matriz azul e a ocorrência infrequente do azul no alimento natural. Somente a psicologia pode informar-nos que o vermelho, o marrom e o amarelo aumentam o apetite, pois essas cores ocorrem natural e frequentemente na alimentação, e porque foram essas cores que nós precisamos identificar há muito tempo quando buscávamos por frutas entre as árvores. A psicologia explica o *porquê* nossa avaliação analítica revela um número significativamente maior de cliques para o banner vermelho, *por que* nossos clientes revelaram a tendência de gostar mais do banner vermelho ao visualizá-lo em suas casas, e *por que* o menu vermelho promove maior faturamento no restaurante.

Ao compreender as implicações psicológicas dos resultados produzidos pela opção de cor, nós informamos mais do que simplesmente nossa atual campanha de marketing: nós informamos também as futuras campanhas. E, indo além da comunicação de marketing, a psicologia pode indicar-nos a cor a ser utilizada em um restaurante, em um supermercado ou em nossa sala de jantar. Ao compreender o *porquê*, as cores específicas que promovem resultados específicos nos dão o poder de fazer as melhores opções antes que a criação seja produzida. Isso nos torna tão habilidosos quanto os profissionais de marketing e, por sua vez, protege nossos cronogramas e orçamentos.

Os profissionais de marketing continuarão a agregar valor com métodos como a avaliação analítica, etnografia e inspiração criativa. Na maior parte do tempo, a utilização de apenas um desses métodos pode conduzir os profissionais de marketing na direção certa. E quando esses métodos são utilizados conjuntamente, eles podem representar uma força poderosa. Entretanto, mesmo em atuação conjunta, esses métodos não são suficientes. O *insight* psicológico é a peça perdida que dá sentido ao contexto – a peça que explica o porquê do sucesso ou do fracasso. Cem anos de descobertas psicológicas científicas sólidas nos preparam para o cenário da nova era do **iDireto** e **iBranding** – bastando apenas optarmos por promovê-los.

PSICOLOGIA COMO FORÇA PROPULSORA NA REVOLUÇÃO DIGITAL

A psicologia está em ação em toda iniciativa bem-sucedida de marketing interativo e direto. Marcas como Facebook, Twitter e LinkedIn são grandes exemplos. Cada qual confronta o desafio de se tornar um canal viável de marketing direto. Cada qual possui um público que promove engajamento profundo com a marca.

Como essas marcas geram este engajamento profundo? Por que o público dessas marcas interage com elas com tamanha frequência? Entre os determinantes está a psicologia da motivação humana. A motivação humana é a ciência dos instintos, motivações e necessidades. A pesquisa da motivação sugere que as pessoas sejam motivadas por uma hierarquia de necessidades. Quando as necessidades de nível mais essencial são atendidas, tais como fome, sede e segurança, as pessoas passam a ser motivadas por necessidades de nível mais elevado, tais como sociabilidade.

A necessidade fundamental de sociabilidade motiva nosso desejo de formar amizades para compartilhar nossa vida. A sociabilidade nos inspira a conhecer os outros e vice-versa. Não apenas explica a razão pela qual as marcas que facilitam a conexão social criam engajamento profundo com o cliente, mas também a razão da existência de clubes, grupos e até mesmo de gangues. Ao facilitar a sociabilidade em compelir novos caminhos, o Facebook, o Twitter e o LinkedIn promovem interações digitais que mudam o modo pelo qual as pessoas se conectam e se relacionam atualmente.

A hierarquia da motivação humana é apenas uma das muitas disciplinas da psicologia que podem motivar as atuais conexões receptivas. Outra disciplina é a psicologia do comportamento social que explica a interação entre seres humanos. Marcas como Macintosh, TiVo e Amazon incentivam a psicologia social para gerar percepções positivas de seus clientes. Mais especificamente, essas marcas promovem as normas sociais, mais bem compreendidas como "princípios básicos".

A investigação psicológica revelou que existem normas sociais na comunicação humana que guiam nossas expectativas e comportamentos na interação com as pessoas. Um exemplo é a norma de boas maneiras, que considera apropriado usar as saudações no início de uma negociação, e inapropriado não proceder dessa forma.

As normas de boas maneiras são tão poderosas na interação humana que elas se estendem às nossas interações com a mídia. Quando promovidas na mídia, as normas de boas maneiras exercem uma grande influência em nossa percepção de marcas. A Amazon e a AOL utilizam palavras como *Oi* e *Bem-Vindo* quando fazemos o login com a marca. A Macintosh nos cumprimenta com um sorriso na inicialização. A TiVo nos saúda com um sorriso em cada comunicação. Ao incorporar esses simples gestos de boas maneiras, essas marcas criam percepções positivas, seja qual for o canal.

O engajamento e a percepção da marca são métricas fundamentais de marketing que podem ser influenciadas pela psicologia. No entanto, a métrica relacionada às transações é, talvez, a mais importante. Afinal, como profissionais de marketing, nós queremos que nossos clientes comprem algo. A eBay e a Amazon realizam um excelente trabalho com relação à métrica. Cada qual produz alto volume de transações repetidas por meio de sua vitrine interativa. Dentre as muitas coisas que essas duas empresas fazem acertadamente, uma das mais importantes é facilitar o julgamento

142 REDEFININDO MARKETING DIRETO INTERATIVO NA ERA DIGITAL

humano e a tomada de decisão – uma disciplina na psicologia que explica as razões implícitas das tomadas de decisão e das atitudes.

Uma das descobertas mais interessantes na tomada de decisão humana é que as pessoas gostam de fazê-la de forma participativa. Ou seja, elas preferem tomar decisões com outras pessoas em vez de tomar decisões por si próprias. A colaboração é comum tanto em decisões importantes, como na aquisição de uma casa, quanto em decisões inexpressivas, como o que fazer para o jantar. Marcas como eBay e Amazon realizam um trabalho extraordinário de promover a tomada de decisão participativa. Elas nos possibilitam fazer coisas como ler as críticas do cliente, enviar informações sobre o produto para nossos amigos e saber quais outros produtos foram adquiridos pelas pessoas que compraram o que nós selecionamos. Ao viabilizar a colaboração interativa, marcas como eBay e Amazon conduzem os clientes à decisão de compra. Quando o projeto de vitrines interativas anda em paralelo com o processo de tomada de decisão natural, a marca de comércio eletrônico torna-se a fonte central de informações para a tomada de decisão, em vez de um elemento transacional periférico. Ao desempenhar o papel central no processo de tomada de decisão, marcas como eBay e Amazon nos ajudam facilmente a decidir fazer negócios repetidamente com elas.

A maioria das iniciativas bem-sucedidas de marketing possui implicações psicológicas. Durante muitos anos, alguns dos profissionais de marketing mais eficientes valorizaram acidentalmente esses princípios. Entretanto, o uso da psicologia no marketing não deve ser combatido ou omitido. Ele pode tornar-se parte de nosso pensamento estratégico cotidiano.

ESTUDO DE CASO: USO DA PSICOLOGIA PARA MOTIVAR DIGITALMENTE O TURISMO

Na Engauge, lançamos recentemente uma campanha de marketing para o Departamento de Desenvolvimento Econômico do Estado da Geórgia. O objetivo da campanha consistia em estimular a economia da Geórgia por meio da intensificação do turismo e do incentivo de mudança de empresas para a Geórgia. Para realizar este objetivo, a Geórgia tem utilizado diversos canais de marketing para conectar múltiplos públicos-alvo. Entre eles estavam turistas, empresas e produtores de filmes. A Engauge foi convocada para coordenar assinaturas on-line para um cartão de recompensas gratuito que atuava como um incentivo para visitar as atrações desse Estado.

O cartão de recompensas era valioso, pois proporcionava aos visitantes da Geórgia grandes benefícios quando eles visitavam atrações turísticas. O cartão foi oferecido aos turistas em um *website* multiuso da Geórgia que atendia a diversos públicos. Apesar da importância do cartão de recompensa, ocorreu um problema: a analítica revelou que os índices de adesão estavam baixos. A observação etnográfica mostrou que a posse e o uso do cartão no mundo real estava inexpressiva. A criação do *website* foi atualizada recentemente, mas o novo projeto produziu pouco impacto.

Os profissionais de marketing no Estado da Geórgia sabiam que a maioria dos turistas não estava aderindo à assinatura do cartão de recompensa nem o utilizando. O problema é que eles não sabiam a razão. Para encontrar a resposta, associamos a pesquisa tradicional de mercado com os *insights* da psicologia. Surgiram rapidamente dois obstáculos à adesão ao cartão de recompensas fundamentados na psicologia.

Obstáculo 1: modelos mentais

O primeiro obstáculo psicológico à adesão ao cartão de recompensas foi observado com mais eficiência em uma conversa que eu tive recentemente com um garoto de quatro anos chamado David. Pedi a ele que me mostrasse como dirigir. David sentou no banco do motorista e disse: "Primeiro eu coloco meu cinto de segurança, em seguida eu estico minhas pernas para alcançar os pedais e depois coloco minhas mãos no volante e, finalmente, pego o celular e digo: 'Dirija, dirija!'"

David acreditava que um celular fosse um equipamento essencial para dirigir. Os modelos mentais descrevem nossas percepções de como as coisas funcionam e orientam nas tomadas de decisão e nos comportamentos. Os modelos são produzidos a partir de nossa experiência e observação

144 REDEFININDO MARKETING DIRETO INTERATIVO NA ERA DIGITAL

direta das pessoas. Os modelos mentais são poderosos e geralmente facilitam a nossa vida. Entretanto, às vezes eles podem nos conduzir a comportamentos que não atendem às nossas expectativas.

Os profissionais de marketing se complicam quando seus modelos mentais de como os clientes negociam são diferentes dos modelos dos clientes. Com essa natureza de incongruência, a diferença entre o que os clientes esperam e o que os profissionais de marketing oferecem pode influir no modo da negociação.

No caso da Geórgia, o modelo mental de turista para adesão ao cartão de recompensas promoveu a expectativa de que o cartão seria oferecido em um *website* dedicado aos turistas. Esse modelo mental foi produzido porque muitos turistas visitavam *web*sites de outros Estados que foram projetados dessa forma. No entanto, com a Geórgia, o cartão estava acessível em um website multiuso orientado para múltiplos públicos da Geórgia. A expectativa do turista foi tão contrária ao que as pessoas viram no *website* da Geórgia que alguns não acreditaram que o cartão estivesse disponível, mesmo quando nossos pesquisadores afirmaram que o cartão encontrava-se lá.

Da mesma forma, os turistas estavam convencidos de que havia impostos associados ao cartão de recompensas – se não se manifestassem na adesão, certamente o fariam durante o uso. O cartão de recompensas da Geórgia sempre foi gratuito, mas os turistas estavam habituados a pagar por outros cartões de recompensas em outros estados e para outras grandes marcas. A experiência anterior delineou expectativas e produziu modelos mentais imprecisos de atribuição de preço ao cartão de recompensas. Como o website da Geórgia não fez nada para combater esses modelos, os turistas tinham uma percepção irreal do funcionamento do cartão de recompensas.

Finalmente, a maioria dos turistas não aderiu à assinatura do programa de recompensas que eles realmente apreciavam.

Para resolver o descompasso, reformulamos a imagem da conexão **iDireto** do Estado da Geórgia para atender às expectativas do turista. Criamos um website dedicado exclusivamente ao cartão de recompensa que exibia apenas as informações relacionadas ao cartão. Este site também enfatizou que o cartão era gratuito aos turistas, tanto na adesão como no uso. Esta reformulação da imagem gerou congruência entre o modelo mental dos turistas potenciais e o contexto real de seu mundo. E isso, por sua vez, conduziu às transações com o cartão de recompensas.

Obstáculo 2: comportamento de indiferença

O segundo obstáculo psicológico à adesão ao cartão de recompensas é assimilado com mais eficiência ao observar como os ratos lidam com o estresse e a ansiedade. Durante os períodos estressantes, como quando os gatos estão por perto, os ratos incorporam um comportamento de indiferença. Em vez de lutarem ou fugirem, os ratos se mantêm na presença dos gatos. Sua primeira linha de defesa é realmente não fazer nada. As pessoas tendem a se comportar de forma similar, especialmente quando ocorre uma sobrecarga de informações. Muita informação pode ser estressante e provocar ansiedade, causando uma espécie de paralisia que reflete no modo de fazer negócio.

No website do Estado da Geórgia, os turistas demonstravam comportamento de indiferença, principalmente ao visualizarem a página inicial. O problema é que eles estavam com excesso de informações. O cérebro precisa trabalhar exaustivamente para aprender o que fazer e como fazer. Havia muitos detalhes, e os indicadores visuais à adesão, como botões e links, ficaram dispersos em uma imensidão de outras distrações. Era muito confuso, e a reação de muitos turistas foi desistir antes de tentar encontrar o que eles estavam buscando.

Para enfatizar essa oportunidade, reunimos as informações em agrupamentos facilmente visíveis e realçamos os pontos separados de forma legível. Isso ajudou os turistas a encontrarem e processarem rapidamente as informações mais importantes. Da mesma forma, salientamos os indicadores visuais de comportamento reorganizando o fundo e utilizando a cor verde para os botões que conduziam à adesão ao cartão. As pessoas familiarizadas com os sistemas de tráfego sabem que o verde está associado à reação de *prosseguir.* As mudanças de projeto no *website* da Geórgia tornaram as comunicações de marketing bem menos estressantes, possibilitando ao cliente assimilar os benefícios do cartão de recompensas e prosseguir no processo de adesão ao cartão.

Ao solucionar os obstáculos psicológicos relacionados à adesão ao cartão, os índices de adesão subiram cinco vezes em comparação aos meses similares no ano anterior. E o mais importante é que aumentou o uso correspondente do cartão no mundo real em conjunção com o turismo na Geórgia. Ao compreender a psicologia do turismo e a razão pela qual ela estava criando obstáculos à adesão do cartão, aumentamos significativamente o grupo de associados do cartão de recompensas e o turismo da Geórgia.

CONSIDERAÇÕES FINAIS

iDireto e **iBranding** promovem uma conversa significativa e interativa com os clientes, o que não era possível antes do advento da internet de banda larga de alta velocidade. Nesse espaço de marketing multicanal bilateral, a compreensão da psicologia humana é o fator determinante para estabelecer conexões duradouras com os clientes. A psicologia fornece a base para que essas interações sejam naturais e lucrativas.

O futuro do marketing está relacionado a conexões digitais sem fio relevantes e significativas para aqueles a quem você quer influenciar. Sua decisão vai muito além dos caminhos e definições do comportamento. Depende da compreensão das razões. Quase toda campanha de marketing bem-sucedida pode ser explicada em retrospecto com a compreensão da psicologia do comportamento do cliente.

Entretanto, poucas são estrategicamente orientadas por tal compreensão na fase de planejamento. Portanto, abra sua mente para a psicologia como um poderoso instrumento para gerar resultados em seu marketing **iDireto** e **iBranding**. Ficarei contente em ver que você optou por este caminho.

Capítulo

9

Utilidade do E-mail em Casa e no Trabalho

Uma imagem vale mais do que mil palavras. Sendo assim, decidi iniciar este capítulo com minha própria foto para salientar o ritmo acelerado de nossa rotina diária.

Esta sou eu. Não na versão "louca", nem "estressada", nem "fantasiada de bruxa". Esta sou eu na versão padrão, em uma conferência de negócios, sentada em um saguão, verificando e-mails em meu BlackBerry enquanto escuto minhas mensagens de voz em meu laptop e, ao mesmo tempo, conduzindo uma ligação em conferência. Apenas um "dia normal na vida de uma executiva digital".

Há dez anos, se as pessoas vissem esta foto, elas pensariam que eu sou lunática. Há dez anos, as pessoas não sabiam do poder do **marketing iDireto**.

Entretanto, atualmente, em um mundo onde, segundo a E-mail Experience Council, 50 milhões de pessoas verificam seus e-mails em algum tipo de aparelho antes das 11:30 da manhã, atitudes como a minha não são consideradas estranhas, e simplesmente são aceitas. Nas últimas duas décadas, os hábitos do consumidor mudaram. As pessoas tornaram-se viciadas digitais. Uma revolução digital ocorreu afetando o modo como comemos, dormimos e respiramos.

Figura 9.1 Multitarefa se tornou um padrão de vida de negócios.

Atualmente, estamos em um lugar fenomenal, onde os profissionais de marketing diretos prosperam, haja vista que clientes e prospectos realmente atuam de forma proativa com os profissionais de marketing, publicitários e corporações para promover um relacionamento. Vivemos em uma sociedade onde nosso estilo de vida padronizado tornou aceitável a "demanda" por informações e valor das empresas que nós patrocinamos.

E, obviamente, não existe canal mais barato e mais eficiente para compartilhar informações com seu cliente do que o e-mail.

COMO APROVEITAR O PODER DO IDIRETO PARA MAXIMIZAR SEUS INVESTIMENTOS EM E-MAIL MARKETING

Estejam atentos, profissionais de marketing! Este capítulo não é para pessoas despreocupadas. O e-mail marketing pode ser sedutoramente enganoso. Entretanto, potencializar o que o e-mail pode fazer por você é essencial para desencadear o poder total do **marketing iDireto.**

O uso efetivo do e-mail requer muito mais do que enviar uma mensagem cativante para uma lista de opções. Requer o domínio da ciência de entregabilidade; a arte do projeto criativo; a disciplina do teste multivariante (consulte o Apêndice); e estratégias para integração com outros canais. Este capítulo salienta os principais elementos que você precisa compreender para obter o retorno sobre o investimento ótimo em suas campanhas de e-mail.

Primeira etapa: saber com quem você está lidando

Você lê e-mail. Eu leio e-mail. Isso é certo. Entretanto, compreender como seus clientes prospectivos leem e-mail é a primeira etapa para alcançar o êxito com isso. Menos de 60% das pessoas que leem mensagens de e-mail o fazem exclusivamente em um laptop ou em uma tela de PC. Aparelhos digitais como BlackBerry, iPhone, iPod touch e outros produtos Wi-Fi propiciam acesso imediato às mensagens, 24 horas por dia, 7 dias por semana, para clientes e executivos. Examinar, acessar e interagir com as mensagens de e-mail nunca foi tão fácil, rápido e conveniente.

Embora aparentemente esta influência da popularidade do e-mail seja positiva para os profissionais de marketing, ela geralmente é a causa da ineficácia do e-mail. A facilidade de acesso é abrangente; é o que está por trás do desafio na captação do foco e da atenção do leitor.

150 REDEFININDO MARKETING DIRETO INTERATIVO NA ERA DIGITAL

(Se você não acredita em mim, veja a minha foto no início do capítulo). Em vez de apresentar o histórico de sua empresa ou oferecer informações a uma pessoa que está focada em seu contexto, normalmente ocorre o oposto. Seus e-mails são acessados, olhados de relance e processados com menos de 35% da atenção total que eles merecem. Isso significa que sua mensagem deve sobressair e ser bem processada para estabelecer uma conexão nas frações de segundos em que ela é visualizada.

Segunda etapa: compreender as cinco funções primordiais do e-mail iDireto

Em meados do ano 2000, o e-mail saiu do contexto inovador e pioneiro para um reino do marketing direto *hardcore*. Como uma alternativa com elevado índice de resposta e baixo custo em relação ao correio ou telefones, o e-mail tornou-se uma peça valiosa do arsenal do profissional de marketing direto. Empresas farmacêuticas, como a GlaxoSmithKline, começaram a utilizar o e-mail para conduzir as solicitações de ensaio clínico. Empresas catalogadoras, como a J. Crew, utilizaram o e--mail para expor e vender os produtos. Empresas E para E, como a Oracle, utilizaram o e-mail para acelerar o processo de vendas em compras mais abrangentes. E até mesmo empresas on-line, como a CheapTickets. com, confiaram cada vez mais no e-mail para intensificar as compras repetidas. Em meados do ano 2000, as cinco funções primordiais do e-mail que atualmente ocupam um lugar importante nas estratégias de **iDireto** e **iBranding** entram em ação:

1. *Influenciar a percepção.* E-mails que influenciam a percepção não são seus e-mails padronizados "compre agora", pois esses e-mails conduzem o leitor a um *website* ou loja para engajá-los na marca. Muitas empresas de bens de consumo embalados utilizam e-mails relacionados à percepção para conduzir o leitor a dedicar tempo com sua marca. No exemplo mostrado na Figura 9.2, a maionese Hellmann's faz sorteios para atrair o leitor para seu *site*.

A expectativa é que você queira se envolver ao acessar o *site*. E-mails como este são essenciais para apoiar um relacionamento direto com o cliente. Segundo Forrester[1], quando as pessoas entram em seu programa de e-mail, elas vão dedicar 138% de tempo a mais com você do que com aqueles que não solicitaram sua permissão para o envio de e-mail.

2. *Promover um engajamento contínuo.* Qualquer pessoa envolvida com o marketing digital sabe que a chance de que alguém que nunca ouviu falar de sua empresa compre de você prontamente é quase impossível. Este tipo de e-mail direto ajuda a impulsionar as visitas contínuas ao *website* ou à loja.

Figura 9.2 Um e-mail focado para a consciência de um produto/promoção.

Os newsletters são mais comuns nesta categoria. A *Good Morning America* realiza um trabalho fantástico de envio de e-mails (Figura 9.3), que não apenas informa, como encoraja o interesse do leitor para tópicos passados, atuais e futuros.

3. *Consideração*. Os e-mails de consideração são enviados quando um navegador da web precisa de um pequeno incentivo para efetivar a compra. As empresas de viagem fazem um excelente uso desta forma de e-mail. Muitas empresas de viagem obtêm quase 40% de sua receita on-line dessa forma. As empresas de viagem constataram que as pessoas que recebem e-mails sugerindo destinos de viagem, preços e outras informações relacionadas revelam 60% a mais de probabilidade de ficarem no hotel apresentado no e-mail do que as pessoas que não receberam tais e-mails periodicamente. Um dos meus e-mails pessoais favoritos de consideração é o que eu recebo da TripAdvisor.

   Se você ainda não viajou com a TripAdvisor.com, visite o *site*. Busque por um destino que você gostaria de visitar. Quando o site perguntar se você quer receber e-mails, diga que sim. Você se surpreenderá em observar como os e-mails da TripAdvisor aumentam seu interesse com relação a viagens.

   Além de fornecer e-mails eficientes de consideração, a TripAdvisor também realiza um grande trabalho de integrar a rede social e o *feedback* gerado pelo cliente para sua comunidade de adeptos. Um exemplo do primeiro e-mail da TripAdvisor enviado para promover consideração é mostrado na Figura 9.4.

4. *Conduzir à compra*. E-mails que conduzem à compra são aqueles cuja mensagem é explícita, de "compre agora". Esses são os e-mails que geram os US$ 48 de retorno sobre o investimento publicado pela Email Experience Council e pela Associação de Marketing Direto. Eles produzem bons resultados, mesmo no atual ambiente de e-mail, em que 30% de todas as mensagens enviadas às pessoas que esperam ser contatadas nunca serão acessados em sua caixa de entrada.

Utilidade do E-mail em Casa e no Trabalho **153**

Figura 9.3 Exemplo de e-newsletter.

A Sears é uma empresa que dominou a arte do uso bem-sucedido do e-mail iDireto (Figura 9.5). Entretanto, tenha em mente que a razão pela qual essas comunicações da Sears são tão eficientes é que as pessoas que as leem conhecem e confiam na marca. Enviar e-mails que impulsionam as pessoas a comprarem sem um relacionamento anterior não funciona no mundo do e-mail marketing.

5. *Retenção/venda cruzada*. Este uso dá as pistas da origem mais remota da mensagem de e-mail. Quando você se refere à cronologia do e-mail, você recorda que o e-mail tornou-se tão popular que foi o primeiro canal digital a oferecer acesso imediato ao atendimento ao cliente aprimorado.

Figura 9.4 E-mails da TripAdvisor promovem consideração.

Os e-mails de retenção e venda cruzada aparentemente enfocam o atendimento ao cliente, mas na verdade conduzem a renda incremental. Um exemplo de e-mails de retenção/venda cruzada é o que você provavelmente recebe de uma companhia aérea quando você reserva um voo. Você geralmente vê mensagens em seu e-mail de confirmação perguntando se você precisa de um hotel ou alugar um carro. Os profissionais de marketing E para E também implementam esses e--mails. Um exemplo de como a IBM faz isso pode ser observado na imagem da tela parcial de um de seus e-mails mostrada na Figura 9.6. A IBM observou os resultados de e-mail superando as mensagens tradicionais em porcentagens com dígito duplo. O e-mail é uma parte essencial da estratégia de **marketing iDireto** contínuo da IBM.

Figura 9.5 A Sears usa e-mails para motivar compra imediata.

Terceira etapa: segmente sua lista de e-mail para maximizar a eficiência do marketing direto

Antigamente (ou seja, em 2009), muitos profissionais de marketing de e--mail contavam com segmentos de lista doméstica que seguiam o padrão de tentativa e acerto herdado de anos de práticas de marketing direto. A maioria das listas das empresas era dividida em segmentos, incluindo:

- melhores clientes (compradores de grande porte, compradores com alto poder aquisitivo ou ainda clientes permanentes);
- piores clientes (pessoas prestes a serem removidas da lista em razão da não reciprocidade);
- novos clientes (pessoas que frequentemente são incorporadas em um processo de implementação entre 60 e 90 dias para determinar quais outras categorias elas se adequariam);
- clientes que cancelaram a assinatura (pessoas que faziam parte da lista mas atualmente não fazem mais).

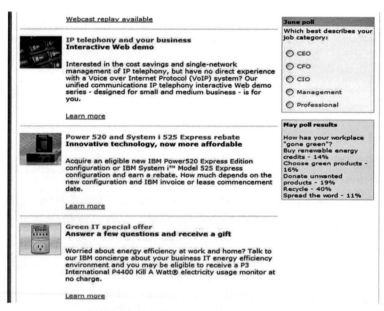

Figura 9.6 IBM usa o e-mail para capitalizar relacionamentos e venda cruzada.

Com a nova abordagem de **iDireto**, compreender o impacto das interações da mídia social em nossas campanhas orientadas de e-mail abre um contexto inteiramente novo de segmentos para serem alavancados.

Agora você quer considerar como pode dividir sua lista, não apenas pelo que uma pessoa específica gasta, mas também pelo investimento monetário que a pessoa influencia as outras a fazerem (no topo do gasto). Esses novos fatores de avaliação refletem o impacto da combinação de alcance e resposta.

Esse contexto se assemelha ao que é mostrado na Figura 9.7.

No passado, essas pessoas que respondiam marginalmente, ou não totalmente, à sua campanha de e-mail normalmente eram pessoas que você consideraria remover da sua lista. Entretanto, atualmente, essas pessoas podem não responder individualmente, mas podem indicar sua oferta, novidades ou venda a outras pessoas. Tais pessoas, por sua vez, podem tornar-se seus melhores embaixadores e negócios rentáveis.

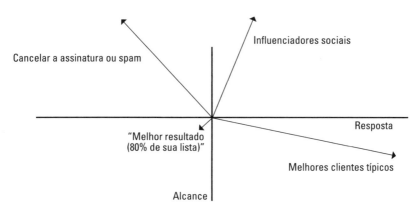

Figura 9.7 Definindo o segmentos mais influentes de e-mail.

Quarta etapa: alcance o cliente com criatividade que causa impacto

Compreender quando o e-mail funciona melhor e como alcançar os segmentos mais influentes de marketing são os pontos fundamentais para obter os resultados **iDireto** que você deseja. Elevar seus índices de resposta depende da sua habilidade de produzir uma criatividade impactante. As

158 REDEFININDO MARKETING DIRETO INTERATIVO NA ERA DIGITAL

três dicas a seguir, extraídas do meu livro recentemente publicado *Email Marketing: an Hour a Day*, dará uma diretriz:

- *Sempre coloque novo conteúdo no contexto antes que o usuário aperte a tecla "delete".* Se os seus leitores de e-mail não têm contexto para a mensagem que estão lendo, a equidade de sua mensagem está em risco. Em outras palavras, se você envia um e-mail para Joe com conteúdo inédito e sem observações mentais para referência (lembretes de conversas anteriores, links etc.) e ele rola a tela do e-mail em seu BlackBerry enquanto está na plataforma de uma estação de trem para Washington, a equidade de sua mensagem caiu em 33% ou menos. No entanto, se a sua mensagem associou observações (referências a conteúdo, links ou outras informações), você tem uma chance muito maior de obter ressonância de sua mensagem e que ela seja respondida por Joe.

- *Associar os benefícios do e-mail às metas a longo prazo do leitor.* Se o seu e-mail não descreve de forma clara e concisa a razão pela qual sua mensagem ajudará os leitores a alcançarem suas metas a longo prazo e atender às suas necessidade futuras, ele sofre um alto risco de ter uma compreensão ineficiente. Um bom exemplo seria: "Salve esta mensagem quando você precisar..." Criar uma linguagem clara e concisa e expressar como o seu leitor será beneficiado a longo prazo será altamente produtivo.

- *Alavancar os pontos de atenção.* Um ponto de atenção é um tipo de formatação no e-mail que atrai claramente a atenção do leitor. Nas mensagens de marketing, isso normalmente é realizado com uma caixa de referência a conteúdo, botão/tag de ação ou outro artifício. Em um texto de e-mail pessoal, os pontos de atenção podem ser qualquer uso criativo das teclas de espaço ou caracteres que ajude a conduzir claramente onde a atenção precisa ser focada. Por exemplo, você pode utilizar três asteriscos (***) para significar importância.

Você também vai querer alavancar o poder dos três asteriscos para ter êxito. Com base no teste de propriedade que nós realizamos nos últimos 10 anos, existe um número ótimo de vezes que você deve colocar uma mensagem na frente de seus leitores para maximizar os cliques. Existe também um número de e-mails que os novos assinantes lerão para determinar se eles irão se engajar com o programa de e-mail de sua marca. E, finalmente, existe um número proporcional de assinantes de e-mail que um leitor opta em determinada categoria.

QUAL A IMPORTÂNCIA DISSO TUDO

Você investiu um bocado de tempo lendo sobre os benefícios do e-mail ao conduzir índices de resposta e dominar os elementos fundamentais para consolidar seu compromisso com o êxito do e-mail.

As atividades on-line mais populares são:

- pesquisar na web;
- encontrar informações para uso pessoal;
- utilizar o e-mail;
- acessar notícias e informações sobre esportes;
- acessar informações financeiras e de crédito.

Com mais de um bilhão de pessoas utilizando o e-mail como um veículo de comunicação regular (muitos verificam o e-mail cinco vezes por dia), seu negócio não pode ser desenvolvido sem o e-mail em sua campanha **iDireto**. Você também não pode produzir um empreendimento confuso ao lançar a campanha. Lembre-se de testar, testar, testar, testar, testar, testar, testar, testar, testar seu meio de constante aperfeiçoamento e o retorno sobre o investimento passo a passo que o e-mail pode proporcionar-lhe. Os clássicos profissionais de marketing diretos familiarizados com o custo do teste dos pacotes de mala direta são cautelosos com o meio de comunicação unilateral com oportunidade quase ilimitada de testar a custo insignificante.

Os profissionais de marketing da marca que nunca compreenderam ou apreciaram o valor dos testes de marketing direto em primeiro plano estão igualmente submetidos à perda ao capitalizarem o baixo custo do teste com e-mail. O resultado é que o e-mail geralmente não produz os resultados ótimos que decorreriam de um processo de teste intensivo e repetitivo de todas as variáveis pertinentes.

A caixa de entrada é a alma da internet – a ligação mais estreita já estabelecida entre o comprador e o vendedor. O e-mail, o único canal de alto volume onde as pessoas optam em dar permissão aos profissionais de marketing para que eles enviem promoções, é o ponto fundamental da comunicação digital. Seja para criar conscientização, conduzir a compras, ampliar relacionamentos ou mobilizar uma comunidade de ativistas, o e-mail funciona.

Eu lhe encorajo a arregaçar as mangas e realizar um investimento impressionante no marketing de e-mail. Coloque em evidência, agilize e promova resultados com a mensagem. Você encontrará o menor custo e a publicidade e o meio de promoção mais focados. Vá **iDireto** com o e-mail. Seu diretor financeiro ficará orgulhoso de você.

Nota

1. Empresa independente de pesquisa de mercado.

Capítulo

10

Conversação: O Que É Mais Importante para os Profissionais de Marketing Agora

Vamos começar afirmando o óbvio: o momento atual é desafiador para os profissionais de marketing.

Os burros de carga da mídia tradicional que anteriormente nós confiávamos para realizar a alavancagem pesada de nossos planos de marketing atualmente não parecem tão capazes de realizar o trabalho.

O aumento dos custos, públicos cada vez mais fragmentados e confusão sem precedente são fatores associados que dificultam mais do que nunca o acesso às pessoas certas no momento certo e no lugar certo. E mesmo quando conseguimos este acesso, o estranho é que as pessoas não prestam muita atenção. Nós nos alegramos se pelo menos 1% das pessoas em nosso *mailing list* realmente responde a uma oferta. Julgamos o sucesso de nossas campanhas na televisão mais pelo número de visualizações no YouTube e menções no Twitter que elas geram do que pelas impressões subjetivas.

162 REDEFININDO MARKETING DIRETO INTERATIVO NA ERA DIGITAL

Por falar em YouTube e Twitter, com o advento da banda larga, observamos que a mídia social acompanhou a tendência e as tecnologias da web 2.0 mudaram drasticamente a dinâmica entre o provedor de conteúdo e o público. Milhões de pessoas com computadores conectados na internet possuem o meio de não apenas criar seu próprio conteúdo como também distribuir o que produzem para suas próprias comunidades de fãs e seguidores que, por sua vez, passam as mensagens adiante e publicam seus próprios conteúdos escritos, de áudio, visual e de vídeo. Como Stan Rapp afirma na Introdução, tornou-se um mundo individualizado.

Estamos vivendo em um universo de mídia com milhões de canais, mas de forma alguma se parece com o ambiente abrangente da TV que acessávamos desde a infância. É o cenário da mídia marcado por variedades e sons quase infinitos. As marcas que ganham maior atenção não são aquelas que viajam pelas fibras ópticas para captar um público leal de visualização, mas sim aquelas cujas histórias viajam de cliente para cliente – em seus blogs, *tweets*, vídeos do YouTube e perfis do Facebook.

Observamos a transformação de nosso mundo e sabemos que também precisamos mudar. Entretanto, a maioria dos profissionais de marketing permanece na familiar zona de conforto, e grande parte deles se apega às mesmas abordagens de publicidade e marketing direto da antiga marca. Portanto, não é surpreendente que tantos profissionais de marketing considerem extremamente difícil atingir os resultados que eles precisam para sobreviver e prosperar nessa era desafiadora? O fracasso tornou-se mais comum do que o sucesso no atual cenário desconcertante do marketing.

O QUE OCORRE AQUI É UMA FALHA DE COMUNICAÇÃO

Talvez seja mais criterioso dizer que nós temos uma falha de comunicação.

A comunicação do marketing, como nós a conhecemos – da mala direta e impressa à televisão e, obviamente, publicidade digital on-line também –, representa o *status quo*. É uma mídia dependente, geralmente unilateral e cada vez mais insuficiente em um ambiente interconectado da web 2.0. Naturalmente, a campanha ocasionalmente surge em meio à confusão para promover conscientização, conversar com as pessoas e gerar os resultados desejados, mas o impacto é passageiro. Assim que a campanha termina – o último anúncio é veiculado, o último cliente abre o último envelope –, ocorre uma desconexão. Qual foi a motivação para ação, se for o caso? O que foi feito para iniciar uma conversação contínua?

A resposta usual (e não muito convincente) é mudar para: "Outra campanha, outra tentativa de obter êxito, outro grande investimento na mídia, outra mudança para outra agência." Com o presidente pressionando o diretor de marketing para a conquista de resultados mensuráveis imediatos, é uma resposta que não se adequa. Na verdade, ocorre uma admirável semelhança com a definição de Albert Einstein com referência à insanidade: fazer a mesma coisa repetidamente, esperando resultados diferentes.

QUAL O ASPECTO DA MUDANÇA REAL?

No livro de Joseph Jaffe, *Join the Conversation*, e em nossa consultoria de marketing da Crayon, defendemos o pressuposto de fazer coisas diferentes para que nossos clientes obtenham resultados diferentes. Para nós, a "conversação" é o elemento diferenciador – para os profissionais de marketing, é um conceito que estabelece um contraste resoluto com os modos tradicionais de comunicação. Observamos execuções de estilo de conversa estrategicamente sólidas funcionando excepcionalmente bem – mesmo em uma economia desfavorável. Normalmente, elas atuam como uma motivação para uma solução coesiva de marketing **iDireto** ou **iBranding**.

Aconselhamos nossos clientes a irem além da experiência de tentativa e acerto, considerando o poder da comunidade, do diálogo e da parceria – e adotando novos conceitos que são inerentemente bilaterais, geralmente independentes da mídia e participatórios por definição, em vez de passivos. A realização deste intento requer uma fluência na mídia social e a tecnologia da web 2.0, juntamente com a compreensão de que essas ferramentas e tecnologias concederam aos clientes um nível sem precedente de influência sobre o processo de marketing. Os clientes agora preservam as empresas que eles escolhem para fazer negócios em um padrão muito mais elevado. Como os profissionais de marketing afirmam, temos muito a ganhar ao conquistar a confiança e atenção desses "elementos influentes".

Atualmente, nós não somos a única voz que prega este evangelho. Se você é leitor das principais revistas industriais ou comerciais, certamente viu inúmeros artigos que encorajam os profissionais de marketing a seguirem o *insight* originalmente oferecido por Joseph anos atrás em "junte-se à conversa". Você foi aconselhado a inserir a mídia social em seu plano integrado, incorporar o marketing social ou boca a boca digital, e definir novas estratégias de ir para o mercado para se conectar com um cliente "no controle".

Não é difícil incorporar o conceito de marketing conversacional. Parece senso comum e um meio lógico de contrapor a tripla ameaça ao aumento dos custos da mídia, encolhendo os públicos da mídia em massa, e resultados de difícil avaliação.

Entretanto, em toda discussão sobre conversação, a maioria das empresas realmente faz pouco ou nada para mudar seu estilo. Elas continuam gastando uma pequena fortuna na eficiência reduzida da mídia tradicional, com a qual os clientes já não mais conversam seriamente. Muitas empresas resistem à inevitável mudança e continuam fazendo mais ou menos a mesma coisa de sempre – embora reclamando do fato de que o que elas estão fazendo não mais produz o mesmo resultado.

Outros profissionais de marketing experimentam superficialmente uma lista longa de novas ferramentas – eles criam suas contas no Twitter, criam páginas de fãs no Facebook, fazem *upload* de vídeos de marca no YouTube e lançam blogs corporativos. Eles são rápidos para identificar a "próxima coisa" brilhante mais recente e igualmente rápidos para abandoná-la quando outra coisa nova surge. No final do dia, eles verificaram uma série de caixas em seu checklist de novidades, enquanto o cenário continua mudando ao redor deles.

A má notícia é que você pode ver sua organização nos cenários descritos anteriormente. A boa notícia é que, mesmo que você se depare com tais cenários, você tem uma tremenda oportunidade de superar a adversidade – desde que você esteja pronto, disposto e preparado para incorporar a mudança. Entretanto, você vai precisar aceitar o fato de que "juntar-se à conversa" não é mais uma questão secundária; é o elemento decisivo de um resultado de marketing **iBranding** e **iDireto** bem-sucedido quando centenas de milhões de pessoas acessam diariamente a mídia social.

O crescimento da rede social colocou a conversação em evidência. No entanto, para manter as coisas em perspectiva, sabemos que este aspecto de comportamento do cliente está longe de ser inédito. As pessoas sempre conversaram sobre suas empresas, marcas ou produtos.

SE O QUE ERA ANTIGO VOLTOU A SER NOVO, O QUE MUDOU?

Há alguns anos, as conversações comprador/vendedor aconteciam face a face ou por telefone, entre duas pessoas ou entre pequenos grupos. Quando os murmúrios se espalhavam, isso ocorria lentamente, envolvendo poucas pessoas. Atualmente, essas conversas acontecem em blogs, fóruns e caixas de mensagens. Os clientes espalham mensagens e histórias sobre o seu produto ou serviço e sobre o efeito gerado pelo que você vendeu a eles, criando grupos no Facebook, produzindo e fazendo *upload* de vídeos na web e inserindo o nome da sua marca nas mensagens do Twitter.

Agora é uma questão do que é dito e quão distante e rapidamente a palavra vai se espalhar, mais do que a questão de o seu produto ou serviço ser comentado. A web social está estreitamente ligada à transmissão de cliente para cliente de opiniões compartilhadas, e a realidade é que as conversações on-line sobre a sua marca estão acontecendo exatamente agora, com ou sem a sua participação.

A questão que gostaríamos de propor é a seguinte: você não gostaria de ter a participação da sua marca, saber o que seus fãs e adversários estão dizendo, ter voz ativa na conversação, expressar suas crenças e até mesmo se defender, se for o caso?

Nós sabíamos que você diria "sim"; portanto, a seguir descrevemos alguns conselhos práticos sobre o início. Ou seja, conversamos sobre como você pode entrar no jogo e tornar os imperativos conversacionais uma parte estratégica de cada plano de marketing que você implementa.

ENTRANDO NO JOGO

Como diz um antigo ditado, "Quem está no jogo é para ganhar." Toda estratégia de marketing conversacional começa com algumas etapas simples que providenciarão a base para tudo que você fizer. Tais etapas não são apenas para os momentos de crise – depois que um blogueiro proeminente escreve uma crítica perniciosa, depois que uma multidão furiosa gera uma explosão em atividade no Twitter, depois que uma experiência ruim de um cliente é exposta em um vídeo amplamente compartilhado no YouTube. Obviamente, você pode recorrer ao marketing conversacional para navegar nessas águas infestadas por tubarões, mas isso não é suficiente. Ao estabelecer antecipadamente sua cibercredibilidade e conquistar o respeito de espertos consumidores orientados pela web, que são bem versados no estilo de vida conversacional on-line, você conquista lealdade lucrativa, surgindo ou não uma situação de crise.

Aqui estão três etapas práticas e de fácil execução que qualquer empresa – desde o início mais desconexo até a maior e mais lucrativa multinacional – pode adotar:

- *Comece ouvindo a conversa.* Instale os alertas do Google e os mecanismos de busca do Twitter para o nome da sua empresa, nomes da marca e produto, URLs de seu *website* e os nomes de seus principais executivos. Você pode também querer criar alertas para ser informado sobre seus concorrentes e categorias comerciais. Embora você certamente possa investir em serviços mais sofisticados de monitoramento, esta etapa isolada é suficiente para equipá-lo com os dados necessários para compreender quem está falando e o que está sendo dito. Você vai conhecer seus defensores mais sinceros e seus críticos mais ásperos, e vai preparar o cenário para sua própria participação no diálogo contínuo sobre sua marca e outros tópicos relevantes.

- *Junte-se às comunidades do cliente.* Embora a criação de contas registradas no Facebook, Twitter, YouTube e Flickr nunca devam ser confundidas com estratégia, preservar os nomes de sua marca (e suas variações) e estabelecer uma série de pontos de distribuição são etapas importantes no princípio. Esses pontos possibilitar-lhe-ão a presença nas comunidades em que as conversas com o cliente geralmente acontecem, promoverão saídas naturais para o conteúdo da marca e criarão oportunidades para agregar suas próprias comunidades autorizadas, povoadas com pessoas interessadas no que você tem a oferecer.

- *Torne-se um conversacionalista ativo.* As duas primeiras etapas lhe fornecem a compreensão de quais conversas você poderia participar e alguns lugares para que você plante suas sementes de conversação; sua próxima etapa lógica é iniciar a participação ativa. Responda quando apropriado, introduza seus próprios tópicos de conversação, agregue valor para os influenciadores interessados em se engajar diretamente com você e motive ações que conduzam à venda on-line ou off-line (um princípio básico de **iDireto**).

Comece a agregar membros da comunidade de sua marca e encontre meios de incorporar e fortalecer os clientes que reúnem comunidades de pessoas que possam se interessar pelo que você tem a oferecer. Acima de tudo, faça essas coisas de forma congruente com o que você é e com os valores da sua marca, respeitando os interesses e as normas das comunidades on-line a que você está associado.

Às vezes, você vai constatar que uma simples abordagem alcança diretamente os seus objetivos. Por exemplo, Comcast e JetBlue – ambas despertadas por complicações significativas promovidas por clientes que obtiveram serviço insatisfatório – reconheceram a necessidade de promover uma conversa e fornecer suporte superior ao cliente em tempo real. Atualmente, elas cumprem a promessa com contas no Twitter orientadas para suporte (na *comcastcares* e *jetblue*, respectivamente) que facilitaram para as empresas obter feedback, ouvir as questões relacionadas ao serviço e conectar diretamente os clientes que precisam de ajuda ou orientação.

Outras vezes, seus desafios comerciais conduzem para estratégias mais robustas de mídia social. Quando a Ford Motor Company quis mudar a percepção de sua marca e de seus veículos, ela desenvolveu uma estratégia de marketing conversacional integrada que incluía não apenas uma presença ativa distintamente humana no Twitter e uma série de focos distribuídos de mídia social, como também diversos programas importantes que literalmente colocaram seus veículos mais atuais nas mãos dos principais influenciadores. Uma recente promoção do Fiesta 2010 concedeu veículos a cem blogueiros durante um ano inteiro por causa da participação deles em uma série de atividades e oportunidades de criação de conteúdo, enquanto outra promoção emprestou um SUV ao longo da semana para os blogueiros planejarem viagens curtas. Naturalmente, a Ford compreende que se você realmente quer mudar a percepção, não existe melhor forma do que demonstrar que você realmente é um líder sensato e um ditador de tendências que possui as plataformas sociais necessárias para divulgar o conteúdo aos clientes.

Em cada caso descrito aqui, a marca identificou um desafio de marketing ouvindo a conversa que já estava acontecendo, entrou no jogo estabelecendo presença nos canais adequados de mídia social e assumiu compromissos apropriados quanto à participação em conversações existentes e inéditas sobre suas empresas e produtos, de tal modo a não somente beneficiar as marcas, como também agregar valor aos clientes.

COMPROMISSO COM A CONVERSAÇÃO

Se você adotar nosso conselho de entrar no jogo e parar por aí, você já está à frente da vasta maioria de profissionais de marketing. Entretanto, se não fizer nada além de entrar no jogo, você pode ficar desapontado com os resultados.

Nós temos dito isso para os nossos clientes durante anos, e prosseguimos repetindo: marketing é um compromisso, e não uma campanha. A conversação é um fenômeno contínuo. Não existe data final para ela. O conteúdo que os clientes criam com relação à sua marca (boa, ruim ou seja o que for) tem o potencial de viver para sempre no ciberespaço, e estará sempre acessível em uma busca do Google fora do controle de qualquer pessoa. Além disso – graças ao surgimento de plataformas sociais mais novas como o Twitter, ferramentas de tempo real como FriendFeed, Posterous e Tumblr, e serviços de vídeo em tempo real como Ustream e Justin.tv –, a conversação on-line agora acontece em tempo real.

Sua marca pode ser construída ou destruída "agora". É o cliente – não sua empresa – quem decide o próximo acontecimento. Uma das coisas mais importantes que você pode fazer – para seus clientes e também para sua marca – é manter uma presença comprometida e a longo prazo que lhe possibilite ser aceito na vida diária do cliente-alvo ou cliente comercial on--line, e oferecer experiências e ideias úteis que sejam proativas e reativas.

Na Crayon, chamamos este processo de *comprometimento com a conversação*, e é um processo. Abrange a escala que se inicia com o alcance do influenciador até o monitoramento da conversa resultante; da compreensão de quando e como se juntar a um debate construtivo (e evitar argumentos destrutivos) até possuir planos prontos de contingência para quando algo der errado; da correção do foco até o incentivo de impressões positivas para que elas perdurem e sejam ouvidas com mais frequência.

Se os clientes sempre estão na mídia social, então você também precisa estar. De fato, estamos realmente nos referindo aos 365 dias do ano – embora o retorno sobre o investimento a curto prazo esteja fora de questão, seu foco deve manter-se totalmente no retorno sobre o relacionamento (ROR – Return on Relationship). Isso requer a compreensão do valor da permanência e do gerenciamento intrínseco do relacionamento com o cliente segundo a visão do **iDireto** e **iBranding**. Você também vai precisar de paciência e investimento nos recursos humanos – uma atitude que ainda estará gerando resultados mesmo bem depois que sua atual campanha de TV foi esquecida.

CONVERSAÇÃO IMPLÍCITA EM SUA ESTRATÉGIA DE MARKETING

Nessa fase da revolução digital, parece que o marketing conversacional e o marketing da mídia social são a mesma coisa. Mas não são. Embora seja difícil manter um comprometimento com a conversação sem fazer uso eficiente das ferramentas da mídia social, seria insensato julgar a conversação como apenas outro canal em seu mix de marketing ou, ainda pior, um silo que se mantém à parte de sua estratégia global de mídia holística.

Em outras palavras: a conversação não é um lugar, e o social não é um *site*.

170 REDEFININDO MARKETING DIRETO INTERATIVO NA ERA DIGITAL

Seria possível visualizar um futuro não tão distante quando toda a web – não apenas os sites que classificamos atualmente como mídia social – for infundida na conversação. Atualmente, já é possível observar destinos de mídia tão diversificados como a CNN e o World Wrestling Entertainment incorporando funcionalidade da comunidade, ferramentas sociais, conteúdo gerado pelo cliente e compartilhamento. Várias marcas de notoriedade administram redes sociais on-line projetadas especificamente para seus clientes e fãs.

A Dell tornou-se famosa por ser a pioneira em iniciativas como IdeaStorm.com e DigitalNomads.com, embora os fãs da Segway elétrica duas rodas possam acessar social.segway.com, e os clientes interessados em tudo o que se refere à "alta definição" possam encontrar outros indivíduos com o mesmo interesse em Panasonic's LivingHD.com. O Facebook Connect e o Google Connect facilitam a localização e o engajamento com suas conexões on-line às centenas de sites que não possuem associação formal com o Facebook ou o Google. Esses precursores da revolução do conteúdo digital estão, em essência, consolidando um sistema operacional social da web que lhe possibilita manter contato com seus amigos onde quer que você esteja on-line.

O avanço da proeminência da interação social on-line em um espaço surpreendentemente curto de tempo salienta uma realidade fundamental da natureza humana. A rede social não é um local onde nós passamos o tempo; o social é o que somos, independentemente de onde nossas expressões se manifestem.

Isso é particularmente verdadeiro quando estamos na frente da TV ou na caixa de entrada do e-mail. Pense no local habitual do DRTV ou no envelope de um pacote de mala direta. Ambos foram criados para iniciar conversações entre um profissional de marketing e o prospecto. Ambos geram impressões que delineiam a marca, assim como apresentam uma poderosa oferta projetada para obter uma resposta (consulte o Capítulo 4: Alcançar o emocional com a nova publicidade iDTV). O cliente responde, iniciando um diálogo autorizado, por meio de e-mail ou on-line, que pode ser apenas um simples intercâmbio ou pode durar uma vida inteira, dependendo do procedimento do profissional de marketing para continuar a conversação.

Entretanto, em um momento em que o acesso à internet está quase onipresente, as conversações **iDireto** são cada vez mais incentivadas pela mídia social e pelas expectativas do cliente. Atualmente, é fundamental a infusão do conceito conversacional em tudo o que fizermos, e encontrar meios melhores e mais eficientes de utilizar as ferramentas da web 2.0 projetadas para a conversação.

Embora não possamos descrever sua estratégia conversacional sem uma visão global da sua situação de marketing, podemos compartilhar um elemento importante para abordar a conversação com seus clientes sob um ponto de vista estratégico: enfoque o modo como as pessoas se comportam, e não as ferramentas que elas utilizam.

Existem dezenas de plataformas de mídia social popular, cada qual com sua própria comunidade vibrante de usuários convictos. Se você estiver disposto, pode tentar um novo serviço praticamente todo dia do ano e ainda perder uma série de sites inéditos e arrojados. Como um profissional de marketing do século XXI, você pode sentir um desejo quase insuportável de tentar coisas novas, ou pode ficar paralisado diante do surpreendente número de opções. Portanto, novamente você pode fazer um pouco de tudo (nenhum tão bem) ou pode simplesmente não fazer nada.

Se você sucumbir ao antigo, acabará com uma série de táticas desconexas na busca de uma estratégia. Ao não inovar, você corre o risco de ficar para trás; se não for por seus concorrentes, será pelos seus clientes.

A boa notícia é que optar pela tecnologia adequada do momento realmente não importa. Algumas das plataformas sociais já mencionadas podem estar fora de negociação no momento que você lê este livro; no entanto, os comportamentos que fortalecem e que, por sua vez, incentivam a intensa popularidade do *site* vão permanecer. É o comportamento que conta.

Uma das coisas mais importantes que você pode fazer é compreender a razão e o modo como os clientes estão participando em várias formas de rede social, e encontrar o meio correto de não apenas fazer parte da rede como também aprimorar essa experiência. Assim como as conversações nunca são unilaterais, o marketing conversacional também não aborda

172 REDEFININDO MARKETING DIRETO INTERATIVO NA ERA DIGITAL

apenas o engajamento relevante. Quando abordado estrategicamente, o marketing conversacional é um atalho direto para promover uma conexão emocional com a marca e um aumento considerável na lucratividade do negócio.

Considere a conversação com os prospectos desejados e com os clientes fundamentais não apenas como uma "questão pessoal", mas como um meio de atingir seu objetivo.

Ao entrar no jogo e se comprometer com um engajamento para promover valor com as pessoas certas, você está mostrando que se importa e está dando a elas razão para que sua marca passe a fazer parte de sua vida. É a antítese da publicidade invasiva. Ao aprimorar seu jogo, à medida que você aprende com a tentativa e acerto como conduzir a conversação, você pode transformar os clientes em embaixadores que compartilham a história de sua marca com amigos pessoais e conexões de rede on-line.

Motivar ações que promovam sua marca e gerem resultados tangíveis é o tema deste capítulo e deste livro. Indubitavelmente, é o momento de *promover a conversação*. Deixe a concorrência no passado da publicidade, enquanto você se associa à comunidade do cliente na nova era do ganha-ganha do **iBranding** e do **marketing iDireto**.

Capítulo

11

Marketing iDireto na Best Buy for Business

Ser reconhecida como uma das maiores marcas de varejo, um local onde quase todo mundo já comprou, não é o melhor ponto de partida para alcançar o mercado comercial. Na realidade, é fácil imaginar a razão pela qual os clientes podem estar em dúvida se tal varejista é a melhor opção.

Afinal, as necessidades dos clientes são diferentes das necessidades das empresas.

Os clientes utilizam seu próprio dinheiro e têm autoridade absoluta sobre o modo como gastá-lo. As empresas geralmente possuem um orçamento e um processo de aprovação. Os clientes normalmente fazem compras por impulso. As empresas planejam antecipadamente suas compras.

Os clientes querem opções e promoções. As empresas querem valor e serviço. Na verdade, existe um universo de diversidades.

A Best Buy possui alguns dos profissionais de marketing mais experientes empregados em sua matriz em Minnesota. É óbvio que se as ne-

173

cessidades E para E são diferentes, então o marketing também deve ser diferente.

Felizmente, no exato momento em que a Best Buy começou a expandir significativamente sua parcela de mercado comercial, a nova dinâmica poderosa do **iDireto** estava começando a se tornar mais intensa. Observe o que é possível agora no ambiente comercial interconectado: relacionamentos inovadores on-line com o cliente, eficientes ferramentas de busca para prospecto, comércio eletrônico fácil e seguro, rede social e acesso a dados comportamentais inéditos. Embora a web 2.0 seja profundamente orientada para o cliente, os profissionais de marketing da Best Buy tiveram a certeza de que a evolução da internet como ponto de encontro guarda grandes possibilidades para que negócios do gênero E para E, ou transações comerciais entre empresas por meio da internet, gerem e desenvolvam relações com os clientes.

O desafio da Best Buy for Business (BBFB) era simples, porém monumental. Como construir um ecossistema de marketing que aproveitasse as práticas focadas em dados confiáveis e ao mesmo tempo capitalizasse o poder da internet de obter eficiência nos custos e vantagens específicas? Em resumo, como fazer com que o **marketing iDireto** produzisse efeito para o profissional de marketing E para E?

A Engauge Direct foi selecionada pela Best Buy for Business para ajudar no desafio. Começamos atuando com um dos profissionais de marketing extraordinários da BBFB mencionado anteriormente, John Samuels, diretor de marketing. John e sua equipe eram responsáveis pela penetração bem-sucedida do mercado comercial e pelo desenvolvimento das ferramentas de marketing necessárias para que isso acontecesse.

Começamos definindo como melhor atender às necessidades do cliente. Acreditávamos que se mantivéssemos o cliente no centro de tudo e nunca deixássemos de agregar valor, tomaríamos as decisões certas.

A primeira etapa foi aplicar a autêntica plataforma "parcela de recursos financeiros" para obter uma compreensão clara do orçamento que cada cliente em cada categoria tinha disponível e quanto deste orçamento foi gasto com a BBFB.

Sabíamos que se a Empresa A tivesse um orçamento de US$ 10.000 e disponibilizasse somente US$ 1.000 conosco, ainda estaríamos no estágio inicial de conquista de tal cliente. No outro ângulo do espectro, se a Empresa B tivesse um orçamento de US$ 1.500 e gastasse US$ 1.000 conosco, então poderíamos considerar tal cliente um comprador fiel. Obtivemos o mesmo volume de receita, mas uma percepção bem diferente do cliente. Por outro lado, a empresa B estava em uma categoria com um potencial muito maior do que a Empresa A. Outro fator significativo dentro da categoria do prospecto foi o potencial dentro da categoria. Dependendo da atuação do algoritmo, nossa abordagem seria bastante diferenciada em cada empresa focada.

CONSTRUINDO UM MERCADO DE DADOS PARA HIPERCRESCIMENTO NA ERA DIGITAL

A BBFB possuía muitos dados; porém eles estavam em muitos silos discrepantes. Havia valor em cada banco de dados dentro da empresa, mas não havia fácil acesso para uma visão geral do comportamento individual de qualquer cliente ou até mesmo de um grupo de clientes.

Isso parece surpreendente, considerando o porte da Best Buy e sua força de marketing. Na verdade, não é. Muitas empresas conhecidas E para E no mundo se esforçam para compreender as montanhas de dados que elas acumularam.

Pense nisso dessa forma. BBFB possui detalhes de negociação de anos anteriores de múltiplos canais, para milhares de produtos, de centenas de milhares de clientes, sempre com novas informações. E, obviamente, em qualquer ambiente E para E, sempre existirão múltiplos tomadores de decisão e um processo multifacetado de aprovação. É o suficiente para confundir sua cabeça. Entretanto, para transformar os dados E para E em vendas lucrativas, é necessário criar um mercado de dados simples, funcional, facilmente acessível e acionável:

- Precisamos de um *sistema de criação de dados* que suporte as informações transacionais, sobre segmento de relacionamento, sobre canal e as promocionais. Para ser bem-sucedidos, é necessária uma visualização absoluta em um ângulo de 360° da vida comercial do cliente.

- Precisamos de um *ambiente analítico e de informação* que forneça uma visualização constantemente atualizada dos clientes e prospectos. Sabemos que este é o único meio de assegurar que nossos níveis de consumo sejam adequados ao potencial em determinado momento e que nossa mensagem será relevante.

- Precisamos *testar* os formatos *de comunicação*, frequências, recursos de cópia e ofertas, assim como os canais de mídia, para nos certificar de que estamos otimizando o retorno sobre o investimento.

- Precisamos de um *sistema totalmente integrado de contato com o cliente*, reconhecendo que os clientes podem comprar dos representantes de vendas no campo, operadores de telemarketing, lojas de varejo ou on-line. Queremos capitalizar nos pontos fortes de cada canal e ter um multicanal direto do desempenho de cada cliente.

Finalmente, nossa meta pode ser definida com bastante simplicidade: fortaleça a base do cliente e seu nível de consumo e minimize o custo para motivar ações que conduzam ao resultado almejado.

Como nós esperávamos que o sucesso se manifestasse em pequenas empresas com orçamentos relativamente pequenos, determinamos que o único meio de atingir nossa meta seria alavancar a eficiência de custo da internet, juntamente com as táticas de tentativa e acerto do marketing direto endereçável. Em suma, direto + digital = soluções de **marketing iDireto**.

O cenário de atuação do marketing na mente e nas bolsas dos clientes passou a ser a internet. Sem os dados digitais fornecidos onde os negócios acontecem atualmente, nunca seria possível voltar ao passado.

Nossos clientes ficam on-line para buscar notícias, informações sobre produtos, buscas de fontes, visualização dos concorrentes e quase tudo que eles querem saber. A web representa uma nova fonte maciça de dados sobre quem são nossos clientes e o que é importante para eles. As empresas que descobrem o melhor meio de captar tais informações, as transformam em *insights* significativos e tomam a atitude apropriada são evidentes vencedoras no futuro.

ORIENTANDO PROGRAMAS SEGMENTADOS COM TRANSMISSÃO ANALÍTICA

Na década de 1990, um banco de dados de marketing continha campos sintetizados que lhe permitiam selecionar e apurar nomes e endereços. Os bancos de dados em larga escala foram armazenados em um grande processador Oracle. Para desenvolver qualquer tipo de análise, você tinha de extrair uma série de dados e inseri-los em um pacote de *software* analítico, tais como o SAS. Acessar as informações implicava um volume de trabalho significativo e caro.

Atualmente, temos servidores super-rápidos que armazenam volumes maciços de dados facilmente acessados. A maioria dos bancos de dados E para E é executada nesses servidores. Possuímos ferramentas analíticas e de exploração de dados em nossa mesa que podem revelar o que é necessário para uma tomada de decisão em tempo real. As chaves para o reino estão em nossas mãos.

Para a BBFB, desenvolvemos uma série de cubos de dados com os quais pudéssemos estabelecer uma comparação. Imagine um cubo de Rubik, em que você pode buscar as informações sobre o cliente e visualizá-las sob muitas perspectivas diferenciadas. Observamos padrões de compra, tipos de produtos inicialmente comprados em relação ao que foi comprado posteriormente, os canais favoritos, o intervalo entre as compras e uma descrição firmográfica do cliente.

Utilizamos nossa própria ferramenta, CORE, para delimitar o tamanho do orçamento potencial que cada cliente tinha disponível para gastar e quanto deste valor nós estávamos captando.

A BBFB enfocou duas metas primordiais:

- Determinar os segmentos mensuráveis do cliente que possuíam diferenças significativas no comportamento anterior e no poder de compra. Se nós conseguíssemos realizar isso, sabíamos que conseguiríamos desenvolver comunicações poderosas e relevantes que gerariam significativos retornos sobre os investimentos em relação a cada perfil.

178 REDEFININDO MARKETING DIRETO INTERATIVO NA ERA DIGITAL

- Criar um sistema confiável de levantamento de dados para gerar um fluxo estável de lideranças na qualidade a um custo aceitável.

Finalmente, a BBFB concluiu com sete grupos discretos para modelar o comportamento preditivo e otimizar o desempenho da força de vendas.

TESTANDO PARA ENCONTRAR O MIX ÓTIMO DO CANAL

Neste ponto, dispondo de um ecossistema de banco de dados totalmente definido, passamos a testar qual o melhor meio de se comunicar com cada um dos segmentos descritos.

A BBFB testou várias combinações de mala direta, e-mail e telefonemas em 250.000 clientes e prospectos em segmentos diversificados de teste. Foi um empreendimento meticulosamente estruturado e projetado para avaliar qual combinação de pontos de conexão produzia os melhores resultados.

Um segmento recebeu uma parte da mala direta. Outro, uma parte da mala direta acompanhada por um contato de e-mail. Um terceiro segmento recebeu uma parte da mala direta e dois e-mails, e um quarto segmento, três e-mails. Todos eles continham um subconjunto que também recebeu um telefonema de acompanhamento. E, obviamente, nós também tínhamos um grupo de controle que recebeu as comunicações mensais usuais.

A cópia foi personalizada de acordo com os dados; a personalização foi utilizada em múltiplos locais em cada comunicação. A parte da mala incluiu uma página de adesivos facilmente destacados pelo prospecto almejado.

Os receptores foram incentivados a colocar os adesivos em algum lugar visível no ambiente do escritório. Os representantes de vendas de campo da BBFB foram autorizados a oferecer descontos a qualquer empresa com adesivos distribuídos pelo escritório.

O sistema interno da gestão interna de relacionamento com o cliente (CRM – customer relationship management) da BBFB alertou a equipe de vendas para conscientizar os representantes acerca de suas funções na campanha. Os resultados foram extremamente reveladores. Todas as células que receberam um telefonema de acompanhamento mostraram um elevado retorno sobre o investimento. A campanha orientada para os prospectos que recebeu a parte da mala direta, mais de um e-mail e nenhum telefonema não mostrou resultado. O mesmo ocorreu com o grupo que recebeu somente os e-mails. Nesse caso, o fator preponderante foi que, no mundo de marketing E para E, o contato pessoal passou a ser o elemento determinante. A sequência ainda mais cara, que incluiu a parte da elaboração da mala direta, não gerou resposta maior do que a do grupo que recebeu apenas três e-mails.

Em resumo, nesta campanha de teste, a maior parte do diálogo estabelecido com o prospecto e o cliente conduziu ao *call center* e à internet. A mala direta sempre manterá uma função na combinação, mas sua predominância anterior da comunicação E para E está no fim.

REUNINDO TUDO EM UM SISTEMA DE CONTATO TOTALMENTE INTEGRADO

John Samuels (o diretor de marketing comercial) considerou que nós estávamos prontos para restringir os canais de comunicação em cada segmento. A BBFB queria o seguinte:

- Ritmo de evolução dos contatos para obter motivação consistente e lucratividade mensurável;
- Comunicações relevantes e informativas;
- Mix de mensagens tanto para vender produtos como para promover relacionamentos;
- Clientes existentes da venda cruzada e venda incrementada com base no atual comportamento de compra;
- Cumprir a exigência da liderança da força de vendas.

Criamos diversos formatos de comunicação imaginativa, mensagens versadas e frequência por segmento. Cada segmento também possuía alguns contatos exclusivos planejados para isso. Elaboramos a programação e os orçamentos para o ano, uma ação inteligente e relativamente objetiva. Pelo menos é o que aparenta, até que você analise o que está implícito na dinâmica subjacente para avaliar o âmbito que nós, os profissionais de marketing **iDireto**, atingimos em um tempo relativamente curto.

Retorne novamente aos anos 1990 e reflita sobre como era a geração de líderes dos representantes de vendas. Foi quando nós começamos a montar uma lista para realizar telefonemas externos. Nos telefonemas, o representante de vendas formulava as perguntas usuais: você está no mercado para comprar? O que você mais valoriza no produto? Qual é o seu prazo? Qual é o seu orçamento? Então, conduzíamos essas respostas para a força de vendas como lideranças A, B e C. Parece familiar?

Tudo bem, agora pense sobre o que a BBFB construiu na década passada. Por meio do ecossistema do mercado de dados, sabemos quem está no mercado para comprar, pois nossas ferramentas analíticas nos possibilitam fazer tal previsão. Sabemos quais tipos de produtos eles provavelmente se interessam com base no que eles compraram no passado, assim como o que os outros com perfil semelhante compraram. Conhecemos o prazo com base no histórico das compras anteriores. Também sabemos, por meio do registro do CORE, quais informações devem ser prontamente disponibilizadas quando eles acessam o registro. Na realidade, nossos segmentos tornaram-se substitutos para muito mais sofisticação do que a "antiga" designação ABC viabilizava. Muito eficaz.

Você pode supor que em um mundo **iDireto** o centro de contato desempenharia uma função secundária. Afinal, se a web é o centro do universo e os clientes a utilizam para manobrar a concorrência, os seres humanos no telefone não são dispensáveis? Não, não são. Lembre-se de que para E para E o importante é o serviço e a comunicação pessoal, que é expressa com mais eficiência pelas pessoas dedicadas. Só porque o ambiente de marketing está em transformação, não presuma que as necessidades básicas mudaram.

Imagine o que a BBFB é capaz de fazer quando toda a equipe de vendas por telefone receber *scripts* virtuais de dados para a venda cruzada e a venda incrementada. Pense no impacto do modelo de venda incrementada do cliente da Amazon nas mãos de qualificadores E para E treinados e negociadores em um telefone! E pense sobre o que pode significar transferir parte da cara administração da venda do representante de venda de volta para a web!

Os armazenamentos de dados continuarão a guardar mais comportamento do cliente multicanal. A gestão de dados/ferramentas de relacionamento com o cliente (CRM) tornarão todo este conhecimento mais acessível. A reconstituição dos centros de contato continuará a prosperar. Utilizando o novo conjunto de ferramentas, um representante de vendas pode obter as respostas para as tradicionais perguntas antes que a pessoa responda ou atenda o telefone. Quem? O Quê? Quando? Onde? Os índices de fechamento e os valores médios de pedido sobem. A preservação e a satisfação do cliente melhoram. O movimento da força de vendas é reduzido à medida que as comissões aumentam.

A BBFB desenvolveu um sistema que integra vendas e marketing, e reduz o custo da venda. Criamos um sistema que vai além do tradicional alvo E para E baseado nos códigos SIC e classificação do funcionário. É um sistema que combina o melhor das práticas de marketing direto com o poder da web.

ENTÃO, O QUE VEM A SEGUIR?

Busque mais dados de comportamento na web para serem incorporados aos dados de comportamento na compra off-line. Como resultado, os clientes serão expostos a informações mais relevantes e os profissionais de marketing vislumbrarão uma redução no custo de venda e uma elevação na taxa de retenção do cliente.

Busque mais inovação na rede social em ambientes E para E. Mais profissionais de marketing comerciais manterão uma conversação on-line com seus clientes.

As tendências mais acentuadas no atual marketing do cliente migrarão para o marketing comercial.

182 REDEFININDO MARKETING DIRETO INTERATIVO NA ERA DIGITAL

E, finalmente, procure a Best Buy for Business para se tornar um líder reconhecido no pequeno mercado comercial! As possibilidades do que pode ser feito com o sistema de gestão de dados criado pela Best Buy for Business são ilimitadas.

Veja algumas expectativas:

- Descrever os cenários de venda cruzada e venda incremental para que eles maximizem o valor de seus clientes e captem mais de seus orçamentos.

- Desenvolver uma série de produtos ou ofertas com base nas afinidades em relação aos dados.

- Criar mensagens altamente relevantes, personalizadas e microssegmentadas.

- Definir cotas de vendas com base no potencial irrealizado de receita nos vários modelos de segmentação de valor.

- Proteger os clientes de alto valor contra os ataques competitivos.

- Criar roteiros de vendas do produto por canal com base em uma nova compreensão acerca da alocação do orçamento do canal de mídia.

Que momento extraordinário para ser um profissional de marketing **iDireto** E para E!

Capítulo

12

iBrands: a Nova Face do Cliente

Ao longo de décadas, "equidade da marca" foi o termo utilizado pelas empresas, seus acionistas e banqueiros de investimento para representar o valor de uma marca específica no mercado. Quanto mais criatividade na agência de publicidade, melhoria no produto ou gestão de relacionamento com o cliente agregada à equidade da marca, melhor. De geração para geração, houve pouca mudança no mantra do marketing.

Quando a web 1.0 surgiu, as marcas começaram a promover a conscientização do cliente no ciberespaço. A partir daí, toda empresa passou a dizer na rede grandes coisas sobre si própria. Como resultado, um número cada vez maior de clientes passou a interagir com as marcas de formas inéditas e não usuais. Então, uma nova tendência da tecnologia digital web 2.0 causou a ruptura mais dramática com o passado desde o surgimento da produção em massa e do marketing em massa, há quase um século.

John Blossom, em *Content Nation* — a obra clássica na mídia social —, afirma: "Quando o poder fundamental de qualquer pessoa em exercer influência sobre quase todas as pessoas no planeta muda, uma ferramenta com grande escalabilidade surge para realizar uma mudança no futuro... tão certo como a nossa própria língua mudou a humanidade."

184 REDEFININDO MARKETING DIRETO INTERATIVO NA ERA DIGITAL

De repente, os clientes não estavam envolvidos apenas com o consumo: com o acesso à banda larga em alta velocidade, os clientes passaram a ser produtores. A facilidade de fazer suas coisas on-line com publicação eletrônica propicia aos indivíduos uma voz global para compartilhar suas histórias, sua comida ou música favorita, eventos na carreira, notícias da família, opiniões sobre produtos ou atendimento ao cliente (incluindo o seu), e fazer quase tudo o que é imaginável. O que motiva a maior parte dessa comunicação interpessoal é a necessidade humana de realçar a importância pessoal e "pertencer" à tribo ao interagir com amigos antigos e novos. Somos todos produtores de conteúdo. Somos também seguidores de outros produtores de conteúdo.

Seus clientes recorrem ativamente ao teclado do computador para criarem sua marca pessoal na internet, uma **iBrand** própria, com seu conjunto de componentes da equidade da marca. Os futuros profissionais de marketing vencedores saberão como elevar o valor da equidade de seus clientes na internet. Além disso, para criar sua própria identidade da marca, você precisa saber o que torna um contexto influente para a **iBrand** do cliente. Os profissionais do **marketing iDireto** serão cada vez mais capazes de se associarem aos seus clientes em uma experiência recíproca de criação da marca. O marketing *unilateral* passou a ser o marketing marca para **iBrand**.

Vamos observar como esta nova percepção do processo de criação da marca se aplica aos tradicionais componentes da equidade da marca.

IBRANDINGS CRIAM CONTEÚDO

Existe algo na natureza humana que nos induz à criação. Indivíduos, em todas as fases da vida, desde a nossa primeira experiência com um desenho com lápis de cor no jardim de infância até a nossa liberdade de autoexpressão na fase adulta. Quer seja a criação de algo tangível ou um meio inovador de realizar algo, ou simplesmente compartilhar um ponto de vista, existe uma sensação de satisfação em fazer uma declaração que amplia a esfera de influência da pessoa. Este atributo humano básico atualmente se intersecta com as extraordinárias oportunidades **iBrand** interativas viabilizadas pela nova mídia social e pela tecnologia digital avançada.

Um meio de ajudar os clientes a criarem suas **iBrands** como produtores é providenciar as matérias-primas adequadas. Assim como os fabricantes precisam de uma cadeia de abastecimento, as **iBrands** do cliente requerem matérias-primas para promover a motivação para a criação. Na Chick-fil-A, somos beneficiários de um brilhante fenômeno publicitário. A campanha da vaca, que começou como um programa de outdoor há mais de 12 anos, evoluiu para um contexto de atividades **iBranding** para promover a criatividade dos adeptos da Chick-fil-A. Eles imprimem suas próprias mensagens on-line na embalagem de sanduíches de vaca, colocam imagens de vaca em quase tudo, colecionam vacas de pelúcia da Chick-fil-A de vários tipos, incluindo trajes e acessórios para brinquedos de pelúcia. Eles ficam debaixo de sol quente para tirar suas fotos com a vaca e compartilhá-las com os amigos e a família no Flickr.

Para os nossos clientes da **iBranding**, a campanha da vaca fornece matérias-primas nas quais eles podem colocar sua estampa pessoal de propriedade. Então, eles compartilham esta criação com sua esfera de mercado, esperando comentários positivos ou, ainda melhor, reutilizar como matéria-prima reciclada para que outras pessoas inventem suas próprias **iBrands**. Quando isso acontece, a equidade **iBrand** pessoal do criador recebe um extraordinário estímulo. Consequentemente, a marca Chick-fil-A também obtém bons resultados, pois quanto mais nós aumentamos a equidade **iBrand** de nossos clientes, mais profundamente nossa herança se incorpora na mente daquela pessoa.

Além do que o profissional de marketing pode alcançar com a publicidade consciente, a experiência face a face proporciona o que somente uma **iBrand** pode fazer por você. É onde a maioria dos profissionais de marketing atualmente se dá mal. Nos últimos anos, os executivos de marketing envenenaram lentamente sua própria identidade, esquecendo que nesta era digital é a experiência que define o valor da marca, muito mais do que a publicidade. Agora, mais do que nunca, os profissionais de marketing precisam conscientizar-se de que o caminho mais curto para desenvolver o negócio consiste em criar valor para a **iBrand** de cada cliente no ciberespaço. Isso significa fornecer aos clientes algo especial para conversar sobre uma experiência individual relacionada ao produto ou serviço. Quando a paridade do produto em quase toda indústria está elevada, é exclusiva, traz surpresas dignas de um tweet, uma menção no blog ou uma mensagem de texto que ganha pontos **iBranding** para sua marca.

Há seis anos, o fundador da Chick-fil-A, Truett S. Cathy (http://www.truettcathy.com) iniciou um novo movimento dentro da Chick-fil-A desconhecido pela indústria de *fast-food* (indústria *fast rude* em alguns círculos naquela época). Ele descreveu um exemplo aos seus funcionários mostrando a cada cliente sua gratidão pela opção dos clientes pela Chick-fil-A dentre todas as outras possibilidades. Ele demonstrou que servir os clientes era realmente um prazer, respondendo a cada "obrigado" com um "o prazer é meu". Truett acreditava que todas as pessoas devem ser tratadas com honra, dignidade e respeito, independentemente de quem sejam, do que façam, de onde venham ou onde prefiram comer. Não demorou para que histórias começassem a se espalhar sobre o que uma impressão causada pelo simples ato de dizer "o prazer é meu" estava gerando em uma experiência de *fast-food* para o cliente. Comentários como "Ganhei o dia", "Que surpresa agradável" e "Eu realmente gostei" começaram a fluir. Atualmente, nossa marca se beneficia da velocidade com a qual tais comentários positivos percorrem a internet.

A Chick-fil-A ganhou muitos prêmios de atendimento ao cliente, incluindo "Campeões de Atendimento ao Cliente"[1] e Prêmio de Satisfação do Cliente "Opção em Cadeias" (categoria frango) em 14 dos últimos 15 anos. Embora tais prêmios sejam uma confirmação positiva de que a nossa filosofia de serviço alcançou resultados tangíveis, o que é mais importante é como isso transformou a experiência do cliente. Existe uma grande contribuição da mídia social no atual mundo dependente da internet: as experiências off-line tornaram-se uma mina de ouro de matéria-prima, com a qual os clientes se sentem atraídos para produzir conteúdo on-line que agrega valor à equidade de sua **iBrand** e, ao mesmo tempo, à nossa.

Hoje em dia, é muito mais fácil que histórias de serviços excelentes contribuam para o "brand equity', ou valor, de sua marca, porque essas experiências agora são intrínsecas a histórias, nas redes eletrônicas, da própria marca do consumidor. Quando uma experiência interessante e fora do contexto é compartilhada on-line, os membros de uma comunidade da subcultura do ciberespaço passam a conhecer algo que o público geral ainda não tem acesso. Você demonstrou o que deve ser verdadeiramente apreciado como cliente, o sentimento aconchegante que você tem quando um estranho (um estranho adolescente – sem obrigação de fazer nada por você além do que a maturidade permite) quer honestamente fazer algo por você. É um comentário triste em uma sociedade em que experiências como estas são mais exceção do que regra. Entretanto, o renascimento de um serviço está florescendo, e sua fonte são as pequenas partículas de matéria-prima que o cliente de **iBrands** experimenta e divulga para outras pessoas. Algumas marcas comerciais vislumbrarão uma luz no fim dessas eras sombrias de atendimento ao cliente, passando a ser o Da Vinci da satisfação do cliente. Outras tentarão contribuir para a conversação digital contínua – apenas para se tornarem vítimas de sua própria herança de atendimento ruim à medida que os clientes da web 2.0 criam suas **iBrands**, rompendo com essas empresas de serviço que causam desapontamento.

Outro meio com que a marca do profissional de marketing pode sustentar a produção do conteúdo **iBrand** do cliente é fornecer uma esfera do mercado para o que está sendo produzido. De que forma uma marca pode criar tal mercado? Primeiro, você precisa obter uma visão clara do que a **iBrand** do cliente está ativamente definindo sobre você. Compreender atitudes e comportamentos dos clientes não requer necessariamente um projeto de pesquisa de alto custo.

Poderia ser tão simples como tornar-se um seguidor dos clientes **iBranded** mais influentes e observar o que eles produzem. Poderia ser um *blog* ativo, um Twitter em tempo real ou uma página do Facebook. À medida que estes cibercidadãos criam, eles revelam muito sobre si mesmos.

Consideremos Twitters de um cliente sobre suas experiências com sua marca, e sua atual esfera de mercado possui 20 seguidores. Se a marca respondeu convidando-o para visitá-la no espaço on-line, tais como a página de fãs do Facebook, onde a esfera do mercado de dezenas de milhares de usuários com a mesma mentalidade se reúnem, ele gostaria de encontrar pessoas interessadas em ler o que tem a expor. Isso representaria uma contribuição significativa para a equidade de sua **iBrand** e para o número de seguidores atraídos para sua identidade digital.

É um exemplo interessante do "produto do conteúdo" proveniente de uma **iBrand,** tornando-se a matéria-prima de outra. Digamos que um

188 REDEFININDO MARKETING DIRETO INTERATIVO NA ERA DIGITAL

Veja, como exemplo, esta mensagem de e-mail de um cliente: Eu gostaria que você soubesse que este estabelecimento é PERFEITO! Eu frequento o local para almoçar, e a comida está sempre ótima, quente e fresca. O estabelecimento está sempre limpo. E, sobretudo, os funcionários são extremamente simpáticos. Que mudança original no ambiente do *fast-food*. Eu sempre fiquei impressionado com a eficiência deste local – está sempre superlotado durante o horário de almoço, mas eu nunca esperei muito para receber meu pedido. Quando eu sento para almoçar, sempre fico impressionado com a afabilidade de sua equipe – ajudando as mães a reunirem os itens necessários e, ao mesmo tempo, tentando segurar seus bebês, ajudando as pessoas a pegarem os guardanapos e condimentos quando suas mãos estão ocupadas, servindo refrigerantes etc. Eles superam as expectativas. Outros locais de *fast-food* precisam seguir o exemplo, pois vocês estão fazendo do jeito certo!

Este é um tema típico que escutamos de muitos clientes. Observe que a conversa não girou em torno do anúncio, das vacas, a comida ótima, quente e fresca, ou a limpeza que tornou esta experiência "original" diferente dos outros locais de *fast-food*. Foi a simpatia dos funcionários. Mas espere. O funcionário está contratando e treinando uma responsabilidade de marketing? Não, mas o marketing é um de seus beneficiários. Intensificar a equidade **iBrand** deve ser uma estratégia abrangente a toda empresa. As operações, fabricação, vendas, distribuição e atendimento ao cliente são todos elementos colaboradores.

blogueiro com algumas centenas de assinantes leia a postagem do Twitter mencionada anteriormente. Esta postagem do Twitter (o produto, a matéria-prima do blogueiro) conduz a uma nova postagem no *blog* que faz com que centenas de pessoas aprendam sobre sua surpreendente experiência de atendimento ao cliente. Este é o encanto da **iBranding** e o marketing boca a boca do novo milênio; a publicidade tradicional jamais o faria.

Para aperfeiçoar sua marca, ofereça aos seguidores de sua **iBrand** algo positivo, exclusivo e interessante para conversar e uma esfera de mercado expandida, com a qual compartilhar, e eles continuarão procurando você para mais matéria-prima.

IBRANDS PROMOVEM LEALDADE

Agora que os clientes estão modelando suas próprias marcas pessoais, vamos observar mais minuciosamente as similaridades entre como as **iBrands** do cliente funcionam e o modo pelo qual uma empresa tradicional ou produto opera.

Eu gosto do modo pelo qual Gareth Kay começa a estabelecer conexões entre a marca do profissional de marketing e as pessoas como marcas. Em *The Age of Conversation*, Gareth escreveu: "O que faz as pessoas e as marcas dignas de conversação é a habilidade de possuir uma combinação diferente de qualidades que agradam a diferentes pessoas em diferentes momentos. Elas [**iBrands**] são multifacetadas, repletas de profundidade e nuances. Uma marca [**iBrand**] digna de conversação a longo prazo precisa mudar constantemente o modo como é expressa e gera uma sequência coerente de ações que fluem de seu ponto de vista no mundo" (Eu inseri as expressões em colchetes).

A lealdade pode ser estabelecida em diversas formas. A Figura 12.1 demonstra o processo.

As **iBrands** dos clientes seguem a mesma curva que uma marca tradicional da empresa, a princípio desconhecida on-line até passando a ter influência significativa com um grande número de pessoas (seguidores, leitores, assinantes, visitantes etc.). Um cliente potencial pode ser virtualmente desconhecido até que decida postar um comentário na página de fãs do Facebook de sua marca ou fazer o primeiro registro sobre você no *blog*. Até aquele ponto, ele ainda é relativamente desconhecido, pois não tem partidarismo. Com base na natureza do comentário do cliente, você responde com mais informações que ainda podem ser educacionais neste ponto.

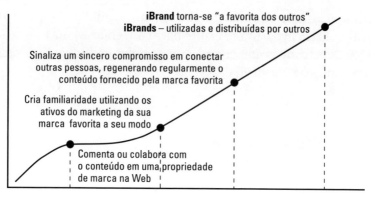

Figura 12.1 Processo para estabelecer lealdade.

Entretanto, você começou a introduzir facetas de sua marca que este cliente julga interessante e que ele vai associar com um sentimento de familiaridade – "Tem alguma coisa que eu gosto nesta marca." Hoje em dia, concomitantemente a este acontecimento, o cliente está criando uma **iBrand** própria on-line.

Para a Chick-fil-A, este é o momento perfeito para conversar sobre a função desempenhada pelas vacas na imagem pública da marca da empresa. O humor excêntrico e as tentativas ligeiramente extravagantes das vacas em se comunicarem como seres humanos são divertidas. Com o passar do tempo, os fantásticos bovinos tornam-se familiares e sinônimos aos aspectos positivos da personalidade da marca.

A construção de relacionamentos bem-sucedidos com o cliente **iBrands** depende da habilidade de a empresa se tornar uma amiga verdadeira de seus clientes. Nesse caso, o fator determinante é o interesse nos clientes como pessoas e não como fontes de lucro. Quando você se concentra nisso, você estabelece uma conversação agradável e relevante (consulte o Capítulo 10: Conversação: o que é mais importante para os profissionais de marketing agora). A evolução sempre foi e sempre será dependente da postura de ouvir e ser ouvido pelo cliente. A única coisa que mudou é a facilidade com que tais conversações acontecem atualmente.

O CUSTO E A OPORTUNIDADE

Muitas vezes a ideia negativa que passa pela mente do profissional de marketing é: "Não temos tempo ou recursos" para oferecer a cada cliente **iBrand** o nível de atenção necessário para realmente elevar a equidade da marca da empresa. Bem, tenho boas notícias para aqueles que têm pouca fé. Na verdade, estamos conversando sobre influenciar apenas um grupo relativamente pequeno de pessoas. As "amizades" com **iBrands** que você quer desenvolver não são tão numerosas como você supunha. Ainda que você tenha uma comunidade on-line ampla e leal que siga sua marca, você pode não ter muitos que realmente sejam **iBrands** de cliente dedicado – que confiem em você para equipá-los com as matérias-primas para construir a equidade pessoal da marca.

Aplique o princípio 90-9-1 (www.90-9-1.com) e você constatará a pequena quantidade de relacionamentos verdadeiros **iBrand** com o cliente.

- 90% dos usuários são o "público" ou os espreitadores. As pessoas que tendem a ler ou observar, mas não contribuem ativamente.

  167.113 das revisões de livro do Amazon representaram contribuição dos "100 melhores" revisores.

- 9% dos usuários são "editores", ocasionalmente modificando o conteúdo ou adicionando a um enredo existente, embora raramente criando conteúdo do rascunho.

  Mais de 50% de todas as edições da Wikipédia são feitas por apenas 7% dos usuários – 524 pessoas.

- 1% dos usuários é "criador", conduz volumes significativos de atividades do grupo social. E, com certa frequência, essas pessoas estão administrando uma vasta porcentagem do conteúdo, enredos ou atividades inéditas do *site*.

Apenas 0,16% de todos os visitantes no YouTube fazem *upload* de vídeos, e 0,2% de visitantes no Flickr fazem *upload* de fotos[2].

Que oportunidade incrível para alcançar 90% e começar a conquistar alguns deles para a comunidade em um relacionamento mais profundo e mais significativo. Primeiramente, você precisa estabelecer uma ciberconexão com o indivíduo: "Quero participar dessa conversa porque eu gosto do quê esta pessoa conhece, faz, conquista e assim por diante."

Ao equipar o 1% de **iBrands** com empreendimentos visíveis de marca que reforcem a equidade da **iBrand**, as empresas conseguem alavancar as **iBrands** vocais e elas passam a influenciar os 9% e os 90% em querer o que o 1% tem. Isso pode representar o início do movimento que sua marca ansiou, mas que não conseguiu articular ou criar sozinha.

AVALIE SEU POTENCIAL DE INFLUENCIAR OS INFLUENTES

Essa nova abordagem de marketing em um ambiente digital requer uma nova configuração de métrica para avaliar o valor do desenvolvimento da equidade **iBrand** on-line. Essas métricas devem incluir o mapa da rede social existente da **iBrand** do cliente antes que uma iniciativa específica de marketing seja empreendida. A seguir, isso deve ser comparado com o aspecto produzido após a campanha. Está expandindo? Quanto? Mais prospectos específicos e clientes entusiasmados estão caminhando rumo à esfera de mercado graças à rede boca a boca? Qual o impacto nas vendas, apuração das transações, novos pedidos, novas lideranças, movimentação do produto, tráfego do varejo, e assim por diante?

Tudo está relacionado aos fatores influentes. Quanto maior a influência da **iBrand** na esfera do mercado, definida como seguidores, amigos, assinantes etc., maior a equidade que o cliente tem como uma **iBrand**. Atualmente, os clientes estão buscando profissionais de marketing que agregam valor à equidade por meio de oportunidades únicas de serem ouvidos, compartilharem interesses relevantes e, principalmente, fornecerem algo digno de conversa – um evento especial, um aplicativo milagroso, melhor produto, atendimento surpreendente, experiência jamais possível anteriormente. Agora os profissionais de marketing devem adaptar e aumentar seus modelos de marketing para considerar o novo mundo de oportunidades de **iBrands**. Parece que estaremos vivendo na mensagem marca para **iBrand** do futuro.

Portanto, o que isso significa para as agências de publicidade **iDireto** é que atualmente devem fornecer *expertise* de conteúdo interativo e construir relacionamentos interativos e atenciosos com o cliente on-line e off-line que conduzam a um avanço lucrativo para a marca do cliente? Como os gestores da marca devem manter o foco primordial no projeto do produto, melhoria no atendimento, processo de produção e distribuição multicanal, é mais importante do que simplesmente confiar na agência de publicidade apropriada para o **marketing iDireto** vital e fornecer a **iBrand** do cliente. A agência do futuro será *expert* em agregar valor à **iBrand** do cliente, assim como a equidade da marca. As equipes interativas e criativas refletirão sobre as periodicidades que abrangem o ciclo de vida da **iBrand** do cliente. E elas devem desenvolver programas que maximizam o modo como toda a empresa do cliente contribui para o valor e crescimento da equidade da **iBrand** dos clientes.

Notas

1. McGregor, Jena, "Customer Service Champs", *The 2008 Winners Special Report, Business Week*, 3 de março de 2008, p. 47-48.

2. McKee, Jake, "The 90-9-1 Principle", http://www.90-9-1.com/.

Capítulo

13

Os Fatores Determinantes para o Sucesso do Marketing iDireto

O mercado atual é como morar próximo a uma estação de trem. A princípio, o ruído é ensurdecedor. No entanto, à medida que o tempo passa, o barulho se desvanece. Em seguida, passa a ser ignorado, como se nada existisse ali.

Atualmente, os clientes estão, de fato, vivendo em uma estação de trem. Eles são bombardeados diariamente com anúncios on-line e off-line, propagandas, ofertas e promoções. Cada vez mais eles estão saindo desta sintonia. A pesquisa realizada por Briggs e Stuart indica que US$ 112 bilhões ao ano são gastos em publicidade que não produz efeito[1] – e uma nova pesquisa mostra que as marcas são supervalorizadas em US$ 4 trilhões. Outra pesquisa indica que apenas 22% dos norte-americanos acreditam na publicidade, em relação aos 45% que acreditam nos *talk-shows*.

O cliente é o chefe, e ele demitiu a maioria da publicidade.

Portanto, como você supera o ruído on-line e off-line para que sua marca seja ouvida, tenha credibilidade e seja lembrada? E como você maximiza os resultados? A resposta está nas novas práticas digitalmente aperfeiçoadas de **iDireto** e **iBranding** que promoverão a supremacia do marketing no futuro. Nossa pesquisa na Acxiom indica que quando você intensifica o poder convencional do marketing direto e do marketing da marca com envolvimento intensamente pessoal, agora possível na web, você pode alcançar um avanço em uma "ordem de magnitude" para seu retorno sobre o investimento em marketing (ROMI – return on marketing investment) sobre as práticas passadas.

A Acxiom é uma empresa global de serviços de marketing interativo e direto. Nós retemos dados e *insights* de meio bilhão de clientes ao redor do globo, atualizados trilhões de vezes ao ano. Gastamos centenas de milhões de dólares na década passada desenvolvendo a tecnologia para correlacionar o comportamento com a mídia investida, de modo que nossos clientes possam obter melhores retornos sobre o investimento em marketing. Neste capítulo você descobrirá como nossa experiência, como o número um do mundo, angaria e analisa os dados do cliente e sustenta o novo paradigma do **marketing iDireto**. Com base na recente experiência, prestando serviços para grande parte dos profissionais de marketing líderes mundiais, acreditamos que existem diversos princípios fundamentais subjacentes à prática do **iDireto** que conduzem a melhorias significativas no retorno sobre o investimento em marketing.

O PRIMEIRO PRINCÍPIO FUNDAMENTAL: OS DADOS SÃO O "NEW BLACK"

Em uma economia em expansão, é fácil negligenciar a importância vital dos dados. Entretanto, em uma economia financeiramente decadente, os profissionais de marketing agilmente passaram a utilizar os dados para produzir um melhor retorno sobre o investimento em marketing.

Durante a grande recessão de 2008-2009, os cintos apertaram e a ênfase passou a ser a contagem da cada dólar. O resultado foi um novo foco no monitoramento e avaliação do marketing/anúncio investido.

Os Fatores Determinantes para o Sucesso do Marketing iDireto

O que sempre foi omitido é a disciplina rigorosa da correlação do que é gasto com a mudança desejada no comportamento do cliente. Em períodos difíceis, é mais importante do que nunca aprender com cada interação. Os dados tornaram-se a "nova era", o fator determinante moderno para compreender a razão pela qual seus clientes se comportam de tal modo. A análise que conduz à compreensão lhe possibilita reter/crescer de forma mais agressiva e adquirir mais rapidamente novos clientes de alto valor. O "i" no **iDireto** abrange muitos aspectos do novo marketing, desde a comunicação interativa bilateral até a conquista de novas fontes de informações e *insights* sobre prospectos e clientes.

Na atual economia, nada é mais importante do que as informações significativas e a visão em tempo real do comportamento da internet que

198 REDEFININDO MARKETING DIRETO INTERATIVO NA ERA DIGITAL

orienta sua habilidade de comercializar diretamente com aumento de resposta e redução de custo por venda.

Os dados que você angaria fornecem as bases para um extraordinário retorno sobre o investimento em marketing. Isso lhe possibilita conhecer a resposta para questões como:

- Qual mídia os seus clientes estão respondendo e por quê?

- Qual frequência de mensagem oferece o melhor desempenho?

- Quais são as preferências explícitas dos clientes e o qual os desejos expressos por eles?

- O que o comportamento dos clientes sugere, e como isso ajuda a determinar o que eles *realmente* querem?

- Quais são as diferenças em valor de fidelidade, e qual a tendência dessas diferenças?

- Como são os seus investimentos em mídia em relação ao seu concorrente?

"Expandir sua visão" acumulando e analisando dados relevantes é o que conduz ao avanço no desempenho. Muitas empresas preservam conjuntos de dados impressionantes sobre seus clientes e todas as interações com visitantes ao *website* da marca. No entanto, infelizmente, as pessoas atraídas para sua marca, na melhor das hipóteses, investem apenas 2% de seu tempo no ciberespaço com você. Para colocar isso em perspectiva, pense na vida agitada que os clientes levam. Pense em todas as coisas que eles fazem na web: ler as notícias, verificar os e-mails, fazer conexões sociais, obter relatório atualizado sobre o clima, comparar preços e lojas, assistir vídeos, consultar a Wikipédia etc. Agora quanto tempo você acha que eles gastam em seus domínios on-line? A percepção do que você está fazendo com os 97%, 98% ou 99% do tempo investido em outro lugar pode gerar oportunidades importantes de crescimento em seu negócio.

E existe um vasto banco de dados industriais sindicalizados e compilados que subsistem exatamente para tal finalidade.

Outra dimensão crucial é o valor diferenciado dos clientes. Alguns compram mais, custam menos no atendimento e geram aumento na receita ao recomendá-lo para os amigos. Esses são seus clientes mais valiosos. Se você falha ao diferenciar o marketing gasto pelo valor real do cliente, você pode perder uma grande oportunidade de otimizar o desempenho comercial. Na realidade, nossa pesquisa indica que se você simplesmente concentrar o marketing gasto com os clientes que mais provavelmente estarão no topo da escada do valor da fidelidade, você pode obter um "multiplicador de concentração" três ou quatro vezes maior.

Monitorar e correlacionar os dados do marketing investido com o comportamento resultante apresentado pelo cliente são os primeiros princípios fundamentais que é preciso ter em mente para um marketing **iDireto** bem-sucedido. Certifique-se de que seus *insights* sejam considerados na tabela do planejamento estratégico. Seu objetivo – retorno sobre o investimento em marketing – reconhecerá este empenho.

O SEGUNDO PRINCÍPIO FUNDAMENTAL: LIBERE SEUS RECURSOS PARA OS NOVOS CANAIS DE COMUNICAÇÃO

Muitas empresas investiram demasiadamente em sistemas para avaliar os dados do cliente com relação à publicidade e ao varejo. Infelizmente, muitas dessas interpretações continuam específicas ao canal ou produto. É como se alguém tivesse investido em um avançado sistema de *home theater* e tivesse um som diferente proveniente de cada alto-falante. Para os profissionais de marketing, essa desarmonia traduz o desempenho insatisfatório e pode conduzir ao investimento contraproducente em mídia.

Essa é a razão pela qual outro princípio fundamental do marketing iDireto é ter a mente aberta para assegurar uma visão 360° do comportamento do cliente em todos os canais familiares, não tão familiares e inteiramente não familiares atuais.

Este princípio amplia a ideia de correlacionar o comportamento do cliente com o marketing investido *em todos os pontos de conexão*.

Lembra dos US$ 112 bilhões gastos em publicidade? Grande parte é o resultado de programas que continuaram após terem perdido a habili-

dade de gerar valor superior ao custo. A dinâmica organizacional dentro da agência/eixo de mídia não ajuda. Existe uma motivação poderosa para os que possuem capacidades específicas ou mídia para promoverem seu próprio valor. Afinal, as tarefas e os relacionamentos lucrativos estão em jogo. E, sem uma visão objetiva 360°, qualquer opção pode parecer razoável. Uma perspectiva multicanal possibilita aos profissionais de marketing projetar um programa ótimo para cada canal para excluir as iniciativas de baixo valor e calcular o retorno sobre o investimento em marketing baseado no desempenho real por canal.

Os profissionais de marketing e os clientes confrontam igualmente o crescimento explosivo no número de canais de compra e opções de engajamento da mídia. Para os profissionais de marketing, essas opções aumentam drasticamente o desafio de acertar o plano de mídia atual. Com o desenvolvimento de novos canais de mídia on-line, não ocorre apenas a sobreposição, mas também o efeito de múltiplas compras inter-relacionadas.

Os clientes podem utilizar simultaneamente diversos modelos de mídia e estar expostos a dezenas ou até mesmo centenas de mensagens antes de fazer a opção de produto. Portanto, qual exposição obtém crédito?

Um modelo simplista "último anúncio visto" faz com que muitas empresas desfaçam a visão distorcida de que apenas a colocação da mídia contribuiu para uma parcela dos US$ 112 bilhões gastos.

Finalmente, uma visão 360° permite que os profissionais de marketing progressivos otimizem nas quatro dimensões – segmento, mídia, oferta e tempo. Da mesma forma, ela possibilita uma expressão total dos *insights* que apenas o "i" no **iDireto** pode propiciar. Agora você está apto a associar seu investimento em mídia ao valor diferenciado de clientes específicos, reequipar planos de mídia baseados na eficácia avaliada por segmento, identificar o equilíbrio ótimo entre a oferta e a procura, e sintonizar a frequência das mensagens nos canais. Com a visão 360°, você escuta quando o mercado fala.

O TERCEIRO PRINCÍPIO FUNDAMENTAL: CONFLUÊNCIA DO CONTEÚDO

Com os clientes "vivendo perto da estação de trem", as comunicações devem ser relevantes e atraentes para suprimir todo o barulho e produzir um resultado de alto desempenho. A confluência une seu *insight* sobre o cliente com o restante do que é necessário no processo de marketing. Ela conecta o alvo para desenvolver a criatividade para captar atenção e uma oferta sedutora. Em outras palavras, a confluência amplia o retorno sobre o investimento em marketing desde a compra na mídia até a criação do conteúdo.

Os profissionais de marketing diretos promoveram este princípio durante muitos anos. Quando a mala direta é endereçada para "ocupante", seu desempenho é até 15 vezes pior do que uma parcela personalizada e altamente relevante.

Com uma matriz de teste bem construída, os profissionais de marketing diretos aprendem rapidamente qual é a mensagem certa e a oferta certa para a pessoa certa. Infelizmente, a maioria da publicidade atual da mala direta focada continua mal direcionada, e os clientes de alto valor sempre são expostos à mesma criatividade que os clientes de baixo valor.

Focar os clientes certos não produz resultado se o *insight* não for aplicado em cada aspecto da sequência contínua do marketing. Felizmente, a tecnologia do **iDireto** nos possibilita fazer isso na web de forma eficiente e com custo reduzido. A confluência dos *insights* do cliente, o *know-how* comprovado do marketing direto e a mídia digital interativa podem tornar sua comunicação mais relevante e poderosa do que julgamos ser possível.

EXECUÇÃO EM UMA ZONA DE CONFORTO

A motivação para alcançar suas metas na publicidade e no marketing é encontrada na aplicação simultânea dos três princípios fundamentais:

(1) dados como a nova era;

(2) harmonização da mídia investida e visão 360° do cliente; e

(3) a confluência dos *insights* do cliente e a criação do conteúdo.

Esses fatores determinantes para otimizar o desempenho o conduzirão pelo longo caminho rumo ao sucesso. Entretanto, com bastante frequência, você ainda pode frustrar-se se a mesma atenção não for dedicada à arte e à ciência da execução apropriada.

Os executivos de marketing sempre ficam frustrados em razão da lacuna entre as estratégias bem elaboradas e os resultados do mercado. A pesquisa indica que, embora a maioria dos diretores de marketing tenha confiança na estratégia escolhida, apenas 30% acreditam na habilidade da empresa em executá-la. É interessante observar que 80% dos presidentes acreditam que eles oferecem uma experiência superior de marketing. Adivinha? Apenas 8% de seus clientes concordam com eles.

Em resumo, os antigos modos de execução não acompanharam o novo mundo de expectativas do cliente. Isso ajuda a compreender que permanecer na zona de conforto retém a evolução das empresas. A história oferece grandes lições sobre "o que pode ser observado":

- Antes do iPod, a Sony dominava a música portátil.
- Antes do Google, as Páginas Amarelas dominavam as informações procuradas.
- Antes da Netflix, a Blockbuster controlava as locações dos filmes procurados.

Todas essas empresas possuíam clientes importantes, produtos importantes e pessoas importantes. Elas tinham o *insight* das necessidades e dos desejos dos clientes. Elas tinham um relacionamento profundo com os canais de distribuição e redes de fornecedores. Em suma, elas tinham todas as vantagens incumbentes. No entanto, ninguém conseguiu resistir ao sucesso de seus concorrentes brilhantes, estratégicos e "execucionais". Contrariar os modelos comerciais tradicionais sempre implica ganho.

A estratégia e a execução promovem a sobrevivência à inovação disruptiva de um concorrente ágil. A primeira etapa é avaliar se o preceito "tentativa e acerto" ainda é válido para sua empresa.

Sua vantagem competitiva perdura em face da nova tecnologia e da mudança nas preferências do cliente? A função primordial de uma organização alinhada com processos complementares, métrica confiável e liderança sólida é a habilidade de superar os desafios com execução rápida e perfeita de uma reação estratégica válida.

A parte mais difícil de conduzir uma empresa para uma nova direção é confrontar o desconhecido. O desafio de sair da zona de conforto nunca deve ser subestimado. Interesses consolidados, estruturados no controle do território e no interesse pessoal econômico, podem ser formidáveis. Assim como ocorre em qualquer mudança, a execução em uma nova zona de conforto traz ansiedade considerável a princípio; entretanto, é uma ansiedade que o sucesso vai diminuir rapidamente. O perigo real é permanecer na zona de conforto do preceito "tentativa e acerto" que não é mais válido.

MARKETING DIRETO É AGORA MARKETING IDIRETO

Os adeptos pioneiros começaram a implementar o **marketing iDireto** com resultados visíveis de retorno sobre o investimento em marketing. Não é surpreendente que muitas dessas empresas possuam habilidades e recursos bem estabilizados de marketing direto. O sucesso que nós observamos entre os clientes da Acxiom conforme eles dominam o que o "i" traz para o **direto** por meio da internet é notável. Alguns exemplos incluem:

- Um líder publicitário aumentou em quatro vezes as conversões digitais com uma campanha coesiva de comunicação impressa e digital. Um mecanismo de decisão inovador de autoaprendizado diário abriu este horizonte.

- Uma empresa líder em hospitalidade conseguiu duplicar a receita no *site* integrando e analisando os dados promocionais digitais externos com a impressão digital dos participantes. Observe que as preferências do cliente no *website* possibilitaram *insights* profundos que levaram ao sucesso do marketing **iDireto**.

- Uma empresa líder em serviços financeiros constatou um aumento de 17 vezes nas taxas de resposta personalizando as informações fornecidas com base nos perfis do visualizador doméstico. A tecnologia atualmente disponível em milhões de caixas de cabos norte-americanos permite aos visualizadores solicitar informações por meio de controle remoto em resposta aos comerciais de televisão. Aplicar os princípios do marketing direto na TV interativa pode gerar resultados espetaculares.

- Uma empresa líder em tecnologia identificou dúvidas comuns sobre o produto e as incorporou em um programa de marketing de ciclo de vida multicanal. O resultado? Mais de US$ 2 milhões por ano economizados em call center, US$ 2,5 milhões por ano em redução de despesas com marketing, e mais de US$ 200 milhões gerados em receita anual.

- Um varejista líder constatou uma melhoria em 7 vezes na web motivada pela combinação dos empreendimentos promocionais digitais e móveis.

  Os compradores móveis, em particular, são um segmento lucrativo, com uma renda média 23% superior ao segmento do comprador que só compra pela internet. Os compradores móveis também gastam mais do que o comprador que só compra pela internet. Conforme este varejista líder pode atestar, conquistar compradores afluentes por meio dos móveis não é uma estratégia para o futuro. Está aqui para ser usada hoje (saiba mais com Michael Becker no Capítulo 7).

- Um publicitário líder obteve quatro vezes o faturamento por anúncio elevando o "multiplicador da concentração". Em vez de exibir mensagens iguais para todos os visitantes do website sem considerar seu valor potencial, o publicitário focou apenas os prováveis clientes de alto valor. Fazer a seleção pode envolver um modesto aumento no gasto com a mídia; no entanto, a receita resultante, diretamente mensurada, produziu aumentos dramáticos com o passar do tempo.

PIRITA DE MARKETING

No século XIX, os garimpeiros de ouro sempre se enganavam com a pirita, ou "ouro mistificado". Infelizmente, a pirita do marketing conduz os garimpeiros do marketing a tomarem decisões ruins. Estes erros de julgamento são causados por "garimpeiros" que estão esperando para contrariar seus melhores planos de **marketing iDireto**. Aqui estão alguns exemplos:

- *Sistemas de avaliação que insinuam que todos os clientes possuem o mesmo valor.* Embora nenhum publicitário realmente acredite que todos os clientes sejam iguais, avaliar as campanhas unicamente pela taxa de resposta, clique ou ainda pelas taxas de conversão encorajam os profissionais de marketing a subestimarem o valor relativo da fidelidade em prol do grande número de respostas. Muitas ofertas requerem tempo para produzir resultados; portanto, converter um comprador que provavelmente sairá rapidamente é uma decisão comercial desfavorável. Conquistar clientes que não fazem compra cruzada ou repetida ou apresentam altos custos de atendimento também provavelmente produzirá um retorno negativo.

- *Sistemas de avaliação que atribuem todo o crédito ao último anúncio.* Os efeitos da mídia estão inter-relacionados e sobrepostos. Contudo, os profissionais de marketing digitais normalmente atribuem crédito total ao último anúncio observado (geralmente uma consulta da busca). Isso superestima demasiadamente a influência do último anúncio. Você concorda? Tente reduzir o marketing de geração de demanda (por exemplo, televisão, e-mail, display etc.) e observe o declínio do volume de busca. A busca cumpre sua função, mas não gera demanda. Muitos profissionais de marketing se beneficiaram com a mudança de um volume de busca paga para programas que geram demanda real e busca orgânica (72% dos cliques no Google são de links orgânicos).

- *Sistemas de avaliação que focam unicamente um custo por impressão.* Com mídia barata amplamente disponível, é tentador abrir mão do alvo e se dispersar. Agir dessa forma é um risco. Por exemplo, um e-mail altamente focado vai atuar 15 vezes tão bem quanto uma mensagem de programa de TV. Os clientes mostraram que vão ignorar (ou piorar) as comunicações irrelevantes. Portanto, embora as impressões sejam baratas, reconquistar um cliente perdido é caro. Criar um valor por métrica de mil para complementar o custo tradicional por cálculos de mil.

- *Como você pode, você deve.* A profundidade e a amplitude de conquistar o *insight* do cliente geram oportunidade e risco. O cliente é sensível ao superestímulo e às percepções da invasão de privacidade. As regras de privacidade são limitadas e variam de país para país. É imperativo saber quais são as regras e a restrição da prática para evitar violações de custo elevado e/ou perda da confiança de seus clientes.

Na Acxiom, fomos um dos primeiros a criar um cargo de diretor de privacidade há mais de 20 anos. Foi uma das decisões mais inteligentes e mais apreciadas que já tomamos. Somente no ano passado, ajudamos nossos clientes a evitar 3 bilhões de violações de privacidade.

- *Patrocínio executivo*. As empresas podem conquistar a confiança dos clientes com o **marketing iDireto** designando um diretor de **iDireto** (CiDO – iDirect officer), que traria experiência dos exemplos recentes da inovação do **iDireto** e *expertise* inestimável nas fases iniciais de planejamento, e com os "dados das pessoas" e as "interativas", certamente promover-se-ia uma oportunidade de contribuir com seus *insights* na configuração da estratégia de uma marca no mais alto nível.

PARA ONDE VOCÊ VAI A PARTIR DAQUI?

Conforme pudemos observar, as máximas habituais de tentativa e acerto no marketing originadas de outra era geram baixo retorno sobre o investimento em marketing, declínio do valor da marca e níveis perigosamente baixos de confiança do cliente. Os princípios fundamentais do **marketing iDireto** são cada vez mais considerados como o recurso atual mais barato e mais eficiente para elevar o retorno sobre o investimento em marketing.

Para alcançar o potencial total da confluência do digital e do direto, nada é mais importante do que o acúmulo e a análise de dados comportamentais perspicazes. Sua avaliação quanto ao que é mais valioso para os clientes é confiável? Quão confiável? Você sabe qual forma de comunicação tem mais probabilidade de influenciar as decisões normalmente tomadas pelos clientes? Você tem certeza de que o conhecimento prévio das vantagens diferenciadas está promovendo um investimento diferenciado? Agora que todo profissional de marketing é um **iDireto**, você está a par da aquisição mais atualizada de resposta direta e das técnicas de retenção da era digital?

Uma visão global ajuda a reduzir os pontos cegos dos dados – aqueles deslizes onerosos em informações que causam superinvestimento em canais fracos em detrimento do melhor.

Que tal pendurar um aviso na parede na área de conferência utilizada para planejamento que proclame: "São os dados, seu tolo"?

Ao desencadear informações comportamentais que formatam a comunicação unilateral ideal, o novo marketing realiza muito mais por muito menos do que o bombardeamento da mídia em massa do cliente. A forma apropriada de engajamento com o cliente gera os dados corretos que conduzem à promoção certa que produz o resultado apropriado toda vez que você vai para o mercado.

Executar as iniciativas de **iDireto** quando isso implica sair da sua zona de conforto familiar pode ser o maior desafio à frente. Fazer coisas de forma diferente não requer custo adicional, nem equipe, nem hardware. Entretanto, requer a disposição da organização de assumir a mudança. Uma citação do General Eric Shinseki, Secretário das Questões dos Veteranos: "Se você não aprecia a mudança, você vai ter uma aversão ainda maior pela irrelevância". Um índice extraordinário de mudança é a realidade de nosso tempo. A irrelevância que ela pode causar é a maior ameaça que nós confrontamos atualmente.

Incorpore as ideias inovadoras e modernas do **iDireto** e **iBranding** apresentadas nos capítulos deste livro. Movimente-se corajosamente rumo ao novo futuro do marketing direto. Deixe sua concorrência no ponto de partida enquanto você já está bem à frente da corrida.

Nota

1. Briggs, R. e G. Stuart, *What Sticks,* Chicago: Kaplan, 2006.

Apêndice

A Arma Secreta do iDireto: a Nova Ordem de Teste

SUA PUBLICIDADE NÃO FUNCIONA

Talvez você tenha alcançado um índice de resposta de 5% em seu e-mail. Talvez seu anúncio tenha contribuído isoladamente com uma percepção de 25%. No entanto, essas cifras significam que 95% não responderam ao e-mail ou que 75% do público-alvo do anúncio para sua marca não sabe quem é você.

Sendo mais específico, sua publicidade pode funcionar para alguns que você quer alcançar, mas não funciona para um público muito maior. Embora nenhuma publicidade atinja 100% de eficiência, muitos profissionais de marketing deixam de consolidar o que alcançaram para obter um sucesso ainda maior.

Existe uma prática de longa data para fazer melhor do que o que você acredita atualmente que seja o seu melhor. Ela é chamada de "teste". Este apêndice do *Redefinindo Marketing Direto e Interativo na Era Digital* descreve os preceitos básicos do ensaio do novo paradigma de **marketing iDireto**. Como o conteúdo dos capítulos precedentes é unificado, tornou-

-se evidente que "testar, testar, testar" foi um subtema abordado em todo o livro. Da mesma forma, tornou-se evidente que uma discussão do atual teste seria de grande valor para os profissionais de marketing de **iDireto**. Como a data de conclusão do manuscrito originalmente planejado estava próxima, foi tomada a decisão de abranger este assunto vital no apêndice deste livro.

Com a chegada da web, nunca foi tão fácil e tão acessível melhorar o aspecto de suas comunicações. Se você não está aproveitando todas as vantagens das novas possibilidades de melhorias drásticas nos resultados, pelo menos você não está sozinho nisso. Para citar apenas um exemplo, menos da metade de todos os varejistas da internet testa os títulos do e--mail, de longe o atributo mais fácil de ser testado e um componente que pode fazer uma enorme diferença no resultado de qualquer e-mail[*].

Considerar a necessidade de teste geralmente produz lamentações por parte dos profissionais de marketing. A resistência surge não apenas dos tipos criativos que desprezam a lógica fria como também das pessoas envolvidas que precisam justificar o tempo e os recursos adicionais que o teste exige. Entretanto, a atitude correta sobre o teste não apenas melhora todo esforço de marketing que ela alcança como também realiza a promessa de tornar o marketing unilateral um grande caminho.

Tradicionalmente, o teste implicava a exposição de um público a uma versão diferente de uma oferta ou criatividade e avaliação dos resultados. Embora o teste atual preserve sua essência, agora são os parceiros com tecnologia digital e analítica que promovem os resultados não apenas em todos os níveis do público e não apenas a um nível de segmento, mas também a um nível individual.

Em suma, teste é aprendizado. Os profissionais de marketing que não testam não aprendem. O aprendizado torna a comunicação mais inteligente, tanto imediatamente como ao longo do tempo. No atual ambiente **iDireto** digital, o poder de testar resultados em níveis sem precedentes aumentou cem vezes mais.

---

[*] Varejista Interno, pesquisa de "e-mail marketing" conduzida pelo marketing de conhecimento, outubro de 2008 e cotado em *eMarketer* em 26 de novembro de 2008.

TESTE COMO APRENDIZADO

Onde seus empreendimentos iniciais terminam, o teste começa. Observe sob este ponto de vista: quando um profissional de marketing constata que seus prospectos ou clientes respondem melhor a um e-mail com uma visão geral do produto do que a um e-mail com visão restrita do produto, ele aprende como a visão da comunicação é importante para o cliente. Esteja dentro ou fora de si mesmo, este simples fato tem pouco impacto sobre a marca como um todo e passa a ser um obstáculo para o conhecimento do cliente. Em resumo, compreender muitos desses obstáculos ajuda o profissional de marketing a compreender seu público de forma mais significativas. Por exemplo, saber que os clientes não apenas respondem melhor à visão global como também gostam de cópias curtas e testemunhos de usuários sugere que outros materiais de marketing – não simplesmente os e-mails – se beneficiariam de uma abordagem visual fundamentada em exemplos de vida real.

O canal da internet acabou de sair da fase inicial de descoberta sobre o que pode ser feito para acelerar o processo de aprendizado e converter este conhecimento recém-descoberto para uma melhoria inovadora nos princípios básicos. Como atualmente os profissionais de marketing monitoram respostas individuais mais facilmente do que antes, eles rapidamente desenvolvem retratos estatísticos detalhados de seus clientes e prospectos. Utilizando adequadamente as ferramentas de gestão do banco de dados da maior parte das organizações, os profissionais de marketing podem acumular dados on-line, reconhecendo os clientes pelos endereços de e-mail e *cookies*.

Os endereços de e-mail ajudam a reconhecer o cliente quando ele clica de um e-mail para uma página de entrada ou quando ele efetua *login* em um *website* da marca. Consequentemente, a maioria dos profissionais de marketing presta atenção específica ao acúmulo de opções de endereços de e-mail. Os *cookies* reconhecem similarmente os clientes no *site* da marca e por meio de redes de publicidade em que os clientes optam e são identificados pelo segmento ou no plano doméstico. Atividades conduzidas por clientes que possuem esses endereços de e-mail e *cookies* tornam-se atributos dos arquivos dos clientes. Supondo que todas essas informações sejam adequadamente refletidas no banco de dados do clien-

214 REDEFININDO MARKETING DIRETO INTERATIVO NA ERA DIGITAL

te, o profissional de marketing obtém uma visão geral do comportamento do cliente. Embora este tipo de integração de dados exija experiência substancial, a própria experiência de nossa empresa sugere que, atuando com os parceiros certos, qualquer profissional de marketing, grande ou pequeno, pode atingir essa visão singular do cliente a curto prazo.

Você agora pode aprender muito mais rápido do que antes o que um cliente individual responde em múltiplos canais, tais como e-mail, busca e display (publicidade de banner) assim como no *website* da marca. Tais dados, quando comparados em uma visão composta e combinados com informações de um legado de banco de dados que o profissional de marketing possivelmente tenha, conduzem a decisões inteligentes sobre como e quando comercializar em cada segmento.

Normalmente, as ofertas de teste tanto no e-mail como na publicidade de display possibilitam que o profissional de marketing ajuste a oferta para o melhor canal. Ou seja, analisando os padrões de resposta, o profissional de marketing pode compreender se o cliente prefere um canal específico em vez de outro. Os profissionais de marketing inovadores combinam esses pontos de dados a informações dos *call centers*, sistemas de ponto de venda (POS – point-of-sale systems) e, inclusive, associados de vendas equipados com aparelhos portáteis.

Os profissionais de marketing também podem utilizar uma técnica chamada *categorização do link* para obter detalhes adicionais com relação às respostas. Com a categorização do *link*, uma organização adiciona um conjunto consistente de identificadores aos links, tais como categorias de produto (A = vestuário, B = beleza, C = consumíveis).

Para finalidade de teste, os profissionais de marketing podem girar as categorias de links em uma comunicação para ver o que mais interessa ao público-alvo. Os clientes que clicam consistentemente em, digamos, links de vestuário começarão a ver mais ofertas de vestuário em suas comunicações.

Em um dos nossos clientes, avaliamos qual forma de oferta seus clientes clicavam nos e-mails e então disponibilizamos mais dessas ofertas em e-mails posteriores. A conversão duplicou, pois a empresa aprendeu o que os clientes individuais queriam e, então, ofereceram mais do que eles queriam.

Naturalmente, a expansão de dados em uma era digital requer muitas habilidades que vão além do teste básico A/B. Com tanto a ser trabalhado, a analítica de dados qualificados vai para o centro da fase. Observemos este novo foco que surge sobre a analítica a seguir neste apêndice.

TESTAR E COMO OBTER RESULTADO

Uma pequena história esclarece como os clássicos profissionais de marketing diretos utilizaram o teste no século XX. Eles apenas queriam descobrir a melhor execução possível para uma parte específica de mala direta ou publicidade de resposta direta. O controle bem-sucedido das partes funcionou durante décadas. Em 1975, o *Wall Street Journal* estreou uma solicitação de mala direta que começou da seguinte forma:

> Em uma magnífica tarde de primavera, há 25 anos, dois jovens se formaram na mesma universidade. Eles eram bastante parecidos, ambos eram estudantes acima da média, elegantes e – como normalmente ocorre com os universitários graduados – estavam repletos de sonhos ambiciosos para o futuro.
>
> Recentemente, esses homens retornaram à universidade para a 25ª reunião.
>
> Eles eram bastante parecidos. Ambos eram felizes no casamento e tinham três filhos. Os dois foram trabalhar na mesma empresa do centro-oeste, e ainda estavam lá.
>
> No entanto, havia uma diferença. Um deles era gestor de um pequeno departamento desta empresa. O outro era o presidente.

216 REDEFININDO MARKETING DIRETO INTERATIVO NA ERA DIGITAL

A correspondência se manteve inalterada até 2003 – 31 anos[**]. Números desconhecidos dos receptores da correspondência chegaram à conclusão de que teriam melhor chance de atingir o cargo de presidente da empresa se assinassem o *Journal*. Pense como foi compensador o próspero *Wall Street Journal* constatar que suas melhores práticas publicitárias eram, de fato, as melhores.

À medida que os correspondentes diretos tornaram-se profissionais de marketing diretos em um número cada vez maior de canais de comunicação, suas estratégias e testes tornaram-se igualmente mais sofisticados. Eles testavam não em termos de público total, mas em termos de segmento. Testar em termos de segmento possibilitava um grau ainda maior de precisão, com o marketing criativo e de oferta focado em grupos cada vez menores de pessoas com a mesma mentalidade. O objetivo supremo – nunca alcançado – foi o marketing unilateral.

As táticas simples A/B deram espaço a táticas complexas multivariadas, que por serem multivariadas, permitiam aos profissionais de marketing testar mais variáveis simultaneamente. Em uma única campanha, como as células são suficientemente grandes, você conseguia testar cópia longa *versus* cópia curta, oferta de desconto em dinheiro *versus* oferta de brinde com a compra, ilustração *versus* foto *versus* sem gráfico, e título pequeno *versus* título grande. Essa abordagem não apenas possibilitou que as marcas criassem uma versão mais rápida e altamente eficiente, como também possibilitou a compreensão mais clara do impacto total de um atributo específico.

A Tabela A.1 é uma matriz que indica a relação "clique-para-abrir" para um teste de e-mail que foi conduzido a uma rede de hotéis. O clique para abrir (CTO – click-to-open) avalia a porcentagem de pessoas que clicaram em uma oferta em um e-mail em relação ao número total de pessoas que abriram o e-mail, indicando, portanto, a influência do conteúdo e as ofertas independentemente dos índices de abertura. Metade do público fez uma oferta para um hotel em Londres, e a outra metade fez uma oferta

---

[**] Internet Marketing Newswatch, 28 de dezembro de 2006, http://www.innerwswatch.com/archives/2006/12/martin_controy_d.html?visitFrom=2.

para um hotel em Paris. Além disso, metade de cada grupo recebeu um e-mail sem foto, e a outra metade recebeu um e-mail com foto.

Tabela A.1 Índice clique para abrir para diferentes versões de um e-mail promocional de hotel.

	Londres	Paris
Sem foto	8,73%	6,68%
Com foto	8,06%	7,49%

O profissional de marketing do hotel concluiu que o e-mail sem foto de Londres obteve melhor resultado. Da mesma forma, concluiu-se que as ofertas para Londres obtiveram melhores resultados do que as ofertas para Paris. Aliás, o teste também sugeriu que as fotos ajudam a vender um hotel em Paris mas não em Londres.

Como uma simples matriz dois por dois (ou quatro células), este teste representa o teste multivariado mais simples possível. Os profissionais de marketing diretos experientes podem, com empenho, conduzir testes substancialmente mais complexos com uma dúzia ou mais de variáveis. Até mesmo um testador novato pode observar que como os testes incluem mais variáveis e mais segmentos, torna-se cada vez mais difícil para os seres humanos enxergar os resultados e tomar decisões. Portanto, os profissionais de marketing **iDireto** devem recorrer à analítica – a ligação entre o teste e a automação do marketing do futuro – para evoluir do teste para a automação do marketing.

O AVANÇO DA ANALÍTICA

A analítica, obviamente, precedeu o marketing na web. Os profissionais de marketing diretos utilizaram a analítica durante anos para focar os clientes e prospectos apropriados para uma oferta ou correspondência específica.

No entanto, considere o que a analítica faz: ela envolve o uso de modelos matemáticos baseados em dados, tais como propriedade ou demografia do produto, para prognosticar como os indivíduos reagirão a uma oferta específica. Em outras palavras, a analítica determina a melhor oferta para uma pessoa específica. Embora muitos profissionais de marketing possam discernir uma linha brilhante entre o teste e a analítica, faz sentido visualizar a analítica como uma evolução do teste. Afinal, a analítica dessa natureza depende do aprendizado gerado pelo teste.

O modelo de analítica aprende com base nos dados que o alimentam – resposta de e-mail, código postal, histórico de compra e o que você tem. Diferentemente do teste tradicional, a analítica testa essencialmente antes do fato. O modelo utiliza análise correlacionada para detectar padrões não necessariamente visíveis à analítica humana. É possível constatar, por exemplo, que o melhor indicador de preferência do produto pode ser a idade do cliente, o tamanho da família ou alguma combinação desses dois pontos de dados. A Amazon.com faz isso toda vez que um visitante retorna ao *site* com suas recomendações ("as pessoas que compraram X também gostaram de Y"). Nesse caso, a Amazon seleciona o produto para recomendar com base em uma comparação do histórico de compra do visitante com os históricos de compra de algum outro cliente da Amazon. A Netflix compara os requisitos das locadoras para encontrar os filmes que complementam o que os clientes pedem. Na realidade, a Netflix compreende a importância deste tipo de analítica de tal modo que ofereceu um prêmio de US$ 1 milhão para quem desenvolvesse um modelo melhor para prever os filmes preferidos pelos clientes. Enquanto escrevo este apêndice, o campo de concorrentes para este prêmio ficou restrito a dois candidatos. O vencedor deve superar o modelo atual em pelo menos 10%, mas o que acontece se ele superar o modelo em 20%, 30% ou mais? Imagine o retorno de US$ 1 milhão investido para descobrir um novo sistema de teste.

Voltando ao **marketing iDireto**, a abordagem analítica criou essas ferramentas como o próximo modelo lógico de produto. Com base no histórico de compras de um indivíduo, um varejista pode fazer uma previsão cada vez mais precisa com relação à próxima oferta.

Para um fabricante de hardware de computador, nossa empresa constatou um salto de 20% no faturamento ao empregar um modelo inédito de lógica de produto em uma série de e-mails de comércio eletrônico.

A analítica dessa natureza funciona em conjunto com o teste. Mais dados, criados pelas conversões ou não conversões de ofertas excluídas por um novo modelo lógico de produto, ajudam a intensificar a precisão do modelo. No caso desse fabricante de hardware, os e-mails alternam entre aqueles com ofertas estáticas (todos visualizam o mesmo conjunto) e aqueles orientados pelo mecanismo de decisão para evitar o cancelamento da oferta. Ao introduzir constantemente novas ofertas, a abordagem garante que os clientes não fiquem visualizando sempre as que está acostumado a ver. Na verdade, esta estática oferece ajuda para testar o modelo e conduzir a ofertas mais atraentes.

Portanto, a analítica aponta o caminho para uma personalização maior. A combinação de teste frequente e análise avançada pode ajudar a responder algumas questões da era do marketing, tais como:

- Quais ofertas serão mais atraentes ao cliente?
- Com que frequência um profissional de marketing contata um cliente e em qual canal?
- Que tipo de cópia, imagens e projeto global atraem um cliente?

Tudo o que os profissionais de marketing precisam fazer é aplicar o tipo correto de teste e fazer o acompanhamento com a aplicação precisa da analítica. Com a mentalidade do **iDireto**, o profissional de marketing deve sempre abrir o envelope do teste e da analítica em razão da crença fundamental no poder de admitir que "talvez eu não conheça".

ENTÃO, POR QUE TODOS NÃO FAZEM ISSO AGORA?

Naturalmente, essa avançada abordagem de teste não é fácil, ou todos os profissionais de marketing estariam aplicando. Diversas barreiras significativas – nenhuma delas insuperável – impedem que os profissionais de marketing colham os frutos do teste **iDireto**.

220 REDEFININDO MARKETING DIRETO INTERATIVO NA ERA DIGITAL

O custo é sempre o ponto mais importante em qualquer discussão sobre teste. As correspondências diretas tradicionais podem considerar a questão do custo confusa. Afinal, testar a mala direta requer a impressão de pacotes caros de correspondência, ao passo que a escala de comunicação on-line seja essencialmente sem custo. Contudo, simplesmente testar duas versões diferentes de um e-mail requer a duplicação dos recursos criativos necessários. No contexto da mala direta, uma única execução criativa extra parece menor em comparação aos custos totais de impressão e postagem da campanha. Entretanto, no universo on-line, o custo da segunda execução pode exceder os custos totais de envio de uma campanha. Profissionais de marketing inteligentes sabem que o teste irá gerar resultado, mas tais resultados podem se repetir poucas vezes. E muitos profissionais de marketing não têm liberdade organizacional para provar ideias com o passar do tempo. Um grande problema é a visão errônea do custo do teste. Em vez de ser visto como uma despesa extra ou desproporcional em uma campanha publicitária digital de baixo custo, ele deve ser visto como um investimento no desenvolvimento a longo prazo da empresa. Somente quando visualizado dessa forma é que haverá investimento no teste múltiplo em uma escala suficiente para observar melhorias de 100%, 200% ou mais no retorno sobre o investimento.

Parte do problema surge a partir dos tipos de clientes que dependem da comunicação eletrônica em relação aos que tradicionalmente preferiam a mala direta. As empresas de serviços financeiros investiram em mala direta em razão dos tamanhos relativos dos valores de permanência do cliente. As correspondências bem-sucedidas para os cartões de crédito ou políticas de segurança e os custos de otimização facilmente se pagaram. Embora os profissionais de marketing de serviços financeiros também se beneficiem da comunicação on-line, outros se uniram a eles, notavelmente os varejistas. Com margens de lucro estreitas no varejo, esses profissionais de marketing mostraram relutância maior ao investir em testes que não produzam resultados imediatos. Todavia, em nossos testes com os varejistas, observamos ganhos lucrativos com testes simples, e aqueles que experimentam mais ganham mais.

Alguns testadores tradicionais rejeitam testes extensivos em razão da incapacidade notória de isolar os resultados provenientes do local no qual o teste está sendo realizado. Com a TV, outdoor, mala direta, e-mail, marketing do mecanismo de busca e display, todos avançando ao mesmo tempo, um profissional de marketing não consegue controlar totalmente todas as outras influências em um determinado canal. Mesmo que o profissional de marketing evite que uma amostra seja visualizada em todas as matérias on-line, ele não consegue evitar que esses clientes visualizem a comunicação em massa da mídia.

Conhecemos um profissional de marketing nacional que envia um e-mail para um assinante somente uma vez a cada 90 dias para assegurar que o profissional de marketing consiga isolar a atividade da campanha. Concordamos que os profissionais de marketing não devam exceder o envio de e-mails, mas acreditamos que eles devem ser significativamente mais agressivos – pelo menos uma vez por mês, se não uma vez por semana, excluindo as mensagens transacionais. No entanto, isso é considerado uma questão de atendimento ao cliente. Bem, é a questão do atendimento ao cliente que leva o dinheiro dos acionistas! Consideremos a abordagem que o marketing deve investir e o que fazer com o que temos. Considere os resultados como informações direcionais até que a análise total seja concluída.

O legado da tecnologia geralmente cria uma barreira para o teste inteligente e a analítica. Muitos profissionais de marketing mantêm as informações sobre o cliente em um banco de dados, resposta de e-mail em outro, informações sobre o alvo em outro, e comportamento transacional ainda em outro. Por outro lado, esses profissionais de marketing precisam de uma Rosetta Stone para ajudar esses bancos de dados a se comunicarem. Embora ainda tenhamos de encontrar uma tecnologia insuperável, reconhecemos que estabelecer a comunicação entre os bancos de dados implica custo, um fator já discutido anteriormente. No entanto, para fazer com que a tecnologia trabalhe em conjunto, é necessário que os profissionais de marketing atuem com outras entidades em uma organização cujas metas não necessariamente se alinham às dos profissionais de marketing.

Assim como quase tudo no mundo corporativo, o território é importante. Os profissionais de marketing devem superar as barreiras políticas para que o teste funcione com êxito na empresa como um todo. Dependendo da empresa, a página inicial da marca pode representar um dos imóveis mais importantes que um profissional de marketing possui.

Muito frequentemente, observamos partes divisionais de espaço da página inicial ou até ordens de que um *banner* específico vai dominar a página inicial para apaziguar uma parte ou outra. Isso não é inteligente.

Desenvolvemos vários testes de personalização da web. A personalização da web adéqua o *site* a realizar as conversões com base nas divisões A/B simples de conteúdo ou teste mais robusto de divisões com base nos segmentos de clientes – por exemplo, aqueles que buscam o termo "carro" *versus* aqueles que vêm do sudeste *versus* aqueles que são visitantes contínuos do sudeste. No final do dia, nós argumentamos que a página inicial é a que requer mais teste, pois a maioria dos visitantes atuou em suas motivações para ação na busca, outdoor, e-mail e assim por diante. Agora eles visitaram o *website* com intento, e o rumo da conversa requer otimização.

No entanto, muito frequentemente, as pessoas que possuem busca ou e-mail não possuem website. Portanto, implantar um teste sempre requer o envolvimento da tecnologia da informação (IT – Information technology), pelo menos a princípio. Então, para complicar ainda mais a questão, o marketing deve investir mais no imóvel em outras páginas importantes. Somente a adoção do **iDireto** nos níveis corporativos mais elevados maximizará esses empreendimentos.

Consideremos, por exemplo, uma companhia de viagem em que nós trabalhamos. Ela investiu em aprender qual combinação de disposição e mensagem produziria o melhor resultado em termos de reservas. Ajudamos a empresa a projetar o teste e depois desenvolvemos a criatividade. Até então, excelente. No entanto, falhamos ao definir o que poderia ser removido ou alterado na página inicial. Este profissional de marketing teve de se contentar com muito menos testes do que a situação exigia. Não foi surpreendente que os resultados dos testes não mostraram diferença significativa, pois as mudanças na página inicial foram tão pequenas e insignificantes que elas essencialmente não produziram efeito. E, além disso, nós perdemos tempo. O teste está sendo avaliado novamente, e estamos trabalhando para fazer mudanças importantes na página inicial de modo que possamos obter resultados mensuráveis.

Finalmente, as novas ideias introduzidas no teste podem requerer a cooperação da equipe legal do profissional de marketing. Precisamos dizer mais?

O QUE VALE A PENA: COMO CONSIDERAR O TESTE HOJE

Então, o que é o teste atualmente? Sob muitos aspectos, o teste de hoje se assemelha ao teste do passado. Porém, como agora, os profissionais de marketing querem aumentar a renda, seja qual for o modo que eles possam definir – compra on-line, registros de eventos, tráfego do *site*, consciência da marca etc. E os profissionais de marketing ainda testam muito das mesmas coisas – segmentação, criatividade, cópia, ofertas. Da mesma forma como os grandes carros do passado levavam as pessoas de A para B, mas inexpressivos em comparação aos carros modernos, os testes do passado não se comparam aos testes que os profissionais de marketing podem realizar atualmente. Hoje em dia o teste é mais rápido, mais multivariado, mais político e mais sintonizado com a analítica. No entanto, para a maioria dos profissionais de marketing, ele é subutilizado.

Dependendo do tamanho de uma lista de e-mail ou do número de visitantes em uma página específica, um profissional de marketing pode concluir um teste e registrar as combinações vencedoras em poucas horas. A velocidade gera grande agitação, mas nem sempre resultados significativos. A dependência da velocidade sempre compele os profissionais de marketing a testar as coisas mais facilmente sob controle. Compare essa atitude com a antiga piada sobre alguém que está procurando sua mala sob a luz da rua não porque é onde ele deixou a mala cair, mas porque é onde está a luz. Muitos profissionais de marketing preferem testar simples mudanças como cópia curta *versus* cópia longa, mesmo que as ofertas de teste gerem maiores resultados simplesmente porque elas podem desenvolver novas ofertas. Talvez o maior descuido seja não testar a atual estratégia de posicionamento em relação a uma apresentação totalmente nova da proposição.

Os profissionais de marketing não devem perder tempo com testes que geram pouco valor, tais como os testes de dia da semana ou testes de período do dia. Os profissionais de marketing que enviam e-mails sempre perguntam: "quando devemos enviar nossos e-mails?"

Há alguns anos, um provedor de serviço de e-mail começou a publicar estimativas sobre o melhor dia da semana para enviar e-mails. Um estudo mostrou que os e-mails lançados nas quartas-feiras alcançavam as taxas mais elevadas de abertura e clique. Adivinha o que aconteceu? Muitos profissionais de marketing leram aquele relatório e começaram a enviar os e-mails na quarta-feira. No próximo trimestre, o mesmo provedor de serviço constatou que às quintas funcionavam melhor. Enxaguar, ensaboar, reprisar.

Embora nossos testes com clientes tenham mostrado pouco resultado nesses investimentos, não significa que não funcione em alguns casos. O ponto é que esses são ajustes para um programa bem otimizado; os profissionais de marketing não encontrarão oposição nesse caso. No entanto, os profissionais de marketing realmente gravitam em torno deles porque eles podem controlá-los sem qualquer dado ou histórico de outros grupos, tanto interna como externamente. Aprenda rapidamente quais atributos são importantes para a marca e teste-os sempre que possível. A Figura A.1 resume a experiência de nossa empresa com a importância dos atributos específicos:

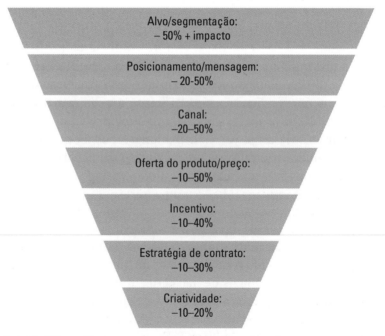

Figura A.1 Modificar diferentes aspectos das campanhas de comunicação pode produzir efeitos drasticamente diferentes na resposta.

O teste **iDireto** implica tentar aumentar a renda pelos canais confiáveis, tais como e-mail e busca, e ao mesmo tempo testar novas formas de mídia para ver qual funciona e começar a estabelecer uma competência corporativa nesta nova tecnologia.

O teste **iDireto** significa otimizar todo o atalho da conversação, desde o início do processo de venda até a verificação (e além disso) para obter as conversões mais lucrativas e aumentar o valor da permanência do cliente.

O teste **iDireto** significa aproveitar a analítica aplicada para gerar novos conceitos e abordagens. No atual mundo do marketing, devemos testar novas tecnologias em relação às tecnologias que confiamos atualmente para ver se é mais vantajosa. Como os orçamentos on-line continuam a crescer, a questão fundamental é onde gastar com mais eficiência. Em alguns casos, um profissional de marketing deixa de gastar em algo que funciona extremamente bem, assim como determinadas compras de palavras-chave. Mesmo seguindo essa linha, as empresas se deparam com limitações implícitas. Se é uma palavra com volume baixo, então o profissional de marketing não pode alocar milhões de dólares nela, pois não será gasto.

Os exemplos de novas tecnologias que os profissionais de marketing testaram nos últimos anos incluem teste do display comportamental focado (*banner* focado com base na navegação anterior do usuário) em relação ao display contextual (*banners* focados com base no que está na página). Atualmente, os profissionais de marketing líderes alocam dinheiro para testar vídeos on-line, inclusive vídeos em e-mail. Portanto, você deve ter coragem para dedicar parte do seu orçamento para tentar novas coisas e ver se elas têm uma chance de produzir resultado para sua empresa. Caso isso não ocorra, então sua empresa investirá no marketing daquela forma ou contratará um fornecedor que tenha essa competência. O principal fator motivador é sempre investir dinheiro suficiente em algo que realmente produza resultado mensurável.

O teste **iDireto** requer uma boa dose de gerenciamento de projeto e um pouco de malícia política. Nos dias atuais, o profissional de marketing normalmente atua em conjunto com múltiplas partes para obter avanços nos resultados reais. Você pode precisar ajudar a desenvolver um plano de teste, coordenar este plano de teste entre fornecedores e agências, verificar

226 REDEFININDO MARKETING DIRETO INTERATIVO NA ERA DIGITAL

se a tecnologia está adequadamente implantada e trabalhar internamente com um fornecedor para verificar se o fluxo de dados permite análise completa e, então, atuar internamente para obter aprovação legal das ofertas e da criatividade. E você precisará adquirir os recursos para as páginas iniciais criadas e personalizadas. Em resumo, sem pedido pequeno.

O segredo do teste **iDireto** em grande escala consiste na utilização de fornecedores para tirar o fardo de sua equipe de TI. Sua experiência pode equiparar-se ao princípio da era digital, quando nós primeiramente aprendemos sobre algumas das ferramentas disponíveis. Desenvolvemos planos de teste que se assemelham a romances russos – longos, densos e complicados. Depois de se deparar com objeções próprias e objeções dos departamentos de TI dos clientes, aprendemos como reduzir o número de testes e as complexidades para produzir matrizes de teste que pudéssemos executar de forma mais consistente e com melhor custo.

Por último, o teste **iDireto** significa atuar com a analítica para assegurar que a comunicação não funcione apenas no conjunto, mas também individualmente. Mesmo os métodos mais eficientes de teste podem abranger apenas algumas variáveis por vez; mais de uma dúzia realmente começam a forçar os processos atuais. O desafio dos profissionais de marketing **iDireto** reside em ir além do limite.

O emprego da analítica avançada permite aos profissionais de marketing reduzir as possibilidades para a combinação mais provável de atributos que atua como a grande primeira etapa para a construção de um programa de teste realístico.

Além disso, o teste e a analítica não apenas melhoram seu marketing como também o farão continuamente. Ao ter de realizar um teste, adote o conceito japonês de *kaizen*, ou aperfeiçoamento constante. *Kaizen* pode ajudar no aperfeiçoamento da comunicação do marketing, testando o modo como os japoneses aperfeiçoaram a produção automobilística melhorando constantemente cada aspecto do processo industrial.

Em cada nova onda da tecnologia digital, você pode buscar uma otimização maior de resposta e uma redução no volume de esforço ocasionado.

Após as fases iniciais de planejamento e desenvolvimento, o algoritmo faz a parte mais complicada. Embora as capacidades atuais já tenham atingido o nível de automação do marketing – um processo 100% automatizado –. um nível muito menor de descuido humano é necessário, em relação aos planos de teste do passado.

Os profissionais de marketing inteligentes sempre compreenderam o poder do teste. Os profissionais de marketing **iDireto** estão incorporando as novas tecnologias e técnicas da era digital para transformar o teste em uma arma secreta que gera vantagem competitiva quando empregada com plenitude no acirrado ambiente comercial atual.

Índice

4As (Associação Americana de Agências de Publicidade), 21
4Ps de marketing, 88
Acxiom, 196, 204-207
Administração da oferta com base no retorno sobre o investimento, 99
Agências de publicidade:
iDireto, 192-193
reinventando, 23-26
Alocação da mídia, 51-66
e distribuição da mídia vs. consumo da mídia, 56-60
e modelos de marketing push-pull, 54-56
e transformações de marketing direto, 52-53
modelos preditivos para, 60-64
Alvo focado analiticamente, 87-88
Alvo focado na seleção, 86
Alvo focado para o evento, 87
Alvo:
e confluência do conteúdo, 202
evolução no, 86-88
Amazon, 141-142, 218
AMDIA (Associação de Marketing Direto e Interativo da Argentina), 28-29

American Idol, 117
Análise CHAID, 62
Análise de oportunidade, na otimização do mecanismo de busca, 104
Análise do detector automático de interação baseado em qui-quadrado (CHAID – Chi square automatic interaction dectector), 62-63
Analítica, 217-219
na otimização do engajamento com o cliente, 92
na otimização do mecanismo de busca (SEO – Search engine optimization), 105-106
no marketing móvel, 127
revolução na, 92
Analítica do Google, 105-106
AOL, 141
Aparelhos móveis, 111-116
adoção de, 120-121
canal móvel para, 113-116
leitura de e-mail, 149
smartphones, 114
telefones, 111-113
terminais móveis dedicados, 113
Aplicativos, 115

230 REDEFININDO MARKETING DIRETO INTERATIVO NA ERA DIGITAL

Apple, 26, 112-114
Aprendizado, teste como, 213-215
Armadilhas ao marketing direto, 206-208
Arquitetura, para otimização do mecanismo de busca (SEO – Search engine optimization), 102, 104, 106
Associação Americana de Agências de Publicidade (4As), 21
Associação de Marketing Direto (DMA – Direct Marketing Association), 34, 36, 117, 126, 127
Associação de Marketing Interativo de Direto da Argentina, 28-29
Associação do Marketing Móvel, 117
Associação dos Publicitários Nacionais, 21
Atalhos móveis:
  aplicabilidade do marketing nos, 122
  condição dos, 120-121
Audi, 71
Avaliação, 206-207
  da influência iBrand do cliente,192-193
  no marketing do mecanismo de busca, 98-100
  no marketing móvel, 127
Avaliação direta,interface do engajamento interativo e, 21

Banda larga, 46
Barnes & Noble, 52
Barreiras ao teste, 219-222
Baynes, Mark, 26
BBFB (veja Best Buy for Business)
Becker, Michael, 111-112
Bell, James F., 19
Bernoff, Josh, 20
Best Buy, 173-175
Best Buy for Business (BBFB), 173-182

cubos de dados para, 178
mercado de dados para, 175-176
sistema integrado de contato de, 179-181
teste do mix de canal em, 178-179
Black, Bill, 44
Blockbuster, 203
Blogosfera, 47-48
Blossom, John, 38, 183
Bluetooth, 116
Brinker, Scott, 40-41
Busca paga (veja Marketing do mecanismo de busca)

Cabo endereçável, avanço na publicidade via, 33-34
Caccavale, Michael, 81
Call centers, 82
Campanha móvel do *Transformers*, 126
Campanha Obama para America, 124
Campanhas com palavra-chave, 104
Canais de voz,115
Canais:
  evolução dos, 136-138
  interativo, 82-84
  móvel, 111-112, 113, 115
  novo, 199-201
  para conversão, 137
  para otimizar engajamentos com o cliente, 82-84
Canal móvel, 113-115
CareerBuilder, 71
Catalisadores de conversação, 27
Catálogos Montgomery Ward, 52
Catálogos Spiegel, 52
Categorização do link, 213-215
Cathy, Truett, S., 186
CDC (Construction Data Company), 44
Celulares, 112-113
Celulares personalizados, 113-114
Celulares tradicionais, 113-114

Índice 231

Charles River Interactive, 41
CheapTickets.com, 150
Chick-fil-A., 27, 184-187, 190-191
Ciberespaço, 38, 46-49
Ciclo de vida do cliente, 122-126
Ciclo de vida do cliente, 91
CKU – Chief keeper-upper position, 27
CNN, 170
Comcast, 167
Competir,105-106
Comportamento de indiferença, 145
Comportamento preditivo, 90-91
Comportamento social, 19
   avanço na publicidade via, 34
   como fato da natureza humana, 170
   compreensão da participação no, 171-172
   conversação via, 165
   domínio do, 45
   e transformação do marketing direto, 52
Comportamento:
   indiferente, 145-146
   preditivo, 90-91
   visão 360 graus de, 199-201
Compra, e-mails que promovem a, 152-153
Compromisso, com a conversação, 168-169
Comunicação interna, 56
Comunicação:
   (veja também Conversação: Alocação da mídia)
   com celulares, 112-113
   entrada, 56
   falha de, 162-163
   modos tradicionais vs. conversacionais de, 163-165
   normas sociais na, 140
   novos canais para, 199-201
   saída, 54-56

Comunicações endereçáveis, infra-estrutura e dados para, 35
Comunicações externas, 54-56
Comunidades on-line, unindo-se a, 167
Conectividade sem fio, 114
Conexões emocionais, 68, 71-73
   estudo de caso da eHarmony, 74-76
   estudo de caso da LegalZoom, 77-80
Conexões multidirecionais, 138
Confluência do conteúdo, 201-202
Consciência, e-mails que conduzem a, 150
Consentimento prévio, para marketing móvel, 117
Construindo relacionamentos, 36
Consumismo, 38
Contabilidade, 32
Conteúdo:
   confluência do, 201-202
   contexto para, no e-mail, 158
   para iBrands do cliente, 184-189
   para otimização do mecanismo de busca, 102, 107-108
Conversação, 161-172
   como compromisso, 168-169
   e falha na comunicação, 163
   e novos canais de mídia, 137
   estratégias para, 166-168
   incorporada à estratégia de marketing, 169-172
   mídia para, 165
   modos tradicionais de comunicação VS., 163-165
Conversações com a Coca-Cola, 48
Convite ao engajamento com o cliente, 116
Cookies, 213
Crayon, 168
Criação do valor, 31-36

232 REDEFININDO MARKETING DIRETO INTERATIVO NA ERA DIGITAL

Criar valor, 31-36
  como função primordial do
    marketing, 32
  e Retorno sobre o Investimento no
    marketing direto, 34-35
  por meio da cooperação dentro da
    comunidade de marketing, 35-36
Criatividade:
  focado para, no Marketing de
    Mecanismo de Busca, 98-99
  no marketing móvel, 127
  para e-mail marketing, 157-159
Croisetiere, Leo, 78
Cross, Richard, 37
CTIA, 126-130
Cuidado, 76
Cupons, 117

Dados de consumo da mídia, 56-60
Dados sobre o cliente, 42-43, 89-90
Dados:
  como fator de sucesso, 196-199,
    208-209
  no consumo da mídia, 56-60
  para campanhas móveis, 129, 131
  para marketing BBFB, 175-176
  para marketing do mecanismo de
    busca, 97-98, 108-109
  para otimização do mecanismo de
    busca, 108-109
Daisy Maids, 124-125
Day-parting, 101
Dell, 170, 243
Departamento de Desenvolvimento
  Econômico do Estado da Geórgia,
  142-146
Desrocher, Mark, 41
Diretor de Insights, 27
Diretores de iDireto (CiDOs – Chief
  iDirect Officers), 208
Display comportamental focado, 225

Display contextual, 225
Distribuição da mídia, 56-57
Donat, Lucas, 67
DRTV, 70, 73, 170

E!Online, 126
E*Trade, 71
eBay, 141-142
Eddie Bauer, 52
Educação, norma de, 140
eHarmony, 74-77
Einstein, Albert, 163
Elliot, Stuart, 72
E-mail marketing, 32, 147-160
  criatividade do, 157-159
  declínio na resposta ao, 83, 85
  funções importantes do, 150-156
  retorno do, 33
  segmentação da lista de, 156-157
E-mail:
  como os leitores prospectivos leem,
    149-150
  móvel, 115
  reconhecendo endereços de, 214
E-mails de consideração, 152
Empresa de Dados de Construção
  (CDC – Construction Data
  Company), 44
Engajamento (veja Engajamento com
  o cliente)
Engajamento com o cliente:
  Contínuo, 151-152
  convite ao, 117
  interativo, 21, 24, 34, 83-84
  otimização (veja Otimizando os
    engajamentos com o cliente)
Engajamento interativo, 25
  como responsabilidade de
    marketing, 35
  e mala direta, 83-84
  interface da avaliação direta e, 21

Engauge Direct, 174
Equidade da Marca, 188
Escudos na comunicação, 54-55
Esquemas de monetização de dados, 25
Estratégia, no marketing móvel, 127
Estrutura da conta, 98
Estudo de caso da otimização do mecanismo de busca em um site de cinema, 106-108
Estudo de caso de turismo, 142-146
Estudo de caso de um desenvolvedor de imóveis, 100-102
Estudo do uso simultâneo da mídia, 58
Estudos do uso simultâneo da mídia, 58-64
Execução:
 da otimização do mecanismo de busca, 104-106
 do marketing móvel, 106, 127-129
 em novas zonas de conforto, 203-205
Experiência pós-clique, otimizando, 99

Facebook, 19, 166-167, 170
Família Bryant, 78
Fatores para o sucesso, 195-205
 confluência do conteúdo, 201-202
 dados, 196, 199, 208-209
 execução em uma nova zona de conforto, 202-204
 novos canais de comunicação, 199-201
Ferramentas digitais, 20
Filiba, Salvador, 28, 29
Flickr, 166, 185, 192
Ford Motor Company 167
Fornecedores:
 dados do marketing dos, 39-42
 em teste, 226
Funil do marketing, 40, 43-44

Garfield, Bob, 71
General Motors, 48
Geografia, marketing móvel e, 121
Geramian, Sue, 29
Gilder, George, 46-47
GlaxoSmithKline, 150
Good Morning America, 152
Google, 43-44, 170, 203, 207
Grande pesquisa, 58
Gravadores de vídeo digital (DVRs), 82
Greco, John, 31
Greenberg, Bob, 45
Groundswell (Charlene Li e Josh Bernoff), 20

Hellmann's, 150-151
Histórias, apelo emocional das, 78-79
Hughes, David, 41, 82
Hulu, 83
Hyundai, 71

i-anúncio, 25, 192-193
IBM, 155-156
iBranding, 20
 como motivação para ação, 36
 marca tradicional vs., 48
 na Nike, 26-27
 nas agências do futuro, 25
 nova mentalidade para, 46-47
 posicionamento estratégico na, 41-42
iBrands, 28-29 (Veja também iBrands do Cliente; iBrands do Vendedor)
iBrands do cliente, 26, 46, 183-193
 avaliar a influência do, 192-193
 conteúdo criado por, 184-189
 custo e oportunidade de suporte, 191-192
 lealdade criada pelo, 189-191
iBrands do vendedor, 46, 48-49
Índice clique-para-abrir, 217

234 REDEFININDO MARKETING DIRETO INTERATIVO NA ERA DIGITAL

Indústria da publicidade, 24
Insights:
   e Diretores de Insights, 28
   obtidos de relacionamentos, 24
Integração de dados do cliente, 89-90
Interação, psicologia como motivadora
   da, 138-140
Internet:
   atividades mais populares na, 159
   como ponto focal do marketing,
      69-70
   e transformação do marketing
      direto, 53
   interatividade da, 72
   móvel, 112, 115
Interoperabilidade, no marketing
   móvel, 120
Íon, 39-40
iPhones, 112
iPod, 203

Jaffe, Joseph, 27, 161
Jaguar, 125
JetBlue, 167
Johnson & Johnson, 48

Kaizen, 226
Kay, Gareth, 189
Keep a Child Alive (Mantenha uma
   Criança Viva), 118-125
Kellogg, 25
Kindle, 114

Lands' End, 52
Lealdade à marca, na eHarmony, 76
Lealdade:
   criada pelas iBrands do cliente, 189-
      191
   dos clientes da eHarmony, 76
Legado da tecnologia, 221
LegalZoom, 77-79

Lévy, Maurice, 24
Li, Charlene, 20
Links:
   no e-mail marketing, 158
   para a Otimização do Mecanismo de
      Busca, 102, 108
Live Ball, 40
Long, Janet, 78

Macintosh, 141
Marca:
   (veja também iBranding)
   contabilidade na publicidade, 69
   iBranding versus, 48
   publicidade iDTV para, 73
Marcas, 38
   (veja também iBranding)
   contatos iniciados com o cliente, 86
   percepções do cliente, 20
   propriedade de, 21
Marcas na Internet Pessoal (veja
   iBrands do Cliente)
Marketing de mala direta, 32, 33, 170
   compras repetidas com, 83-84
   retorno no, 34
Marketing direto, 32
   confluência do, 201
   ferramentas tradicionais do, 33
   impacto econômico do, 33-34
   móvel, 117
   retorno sobre o investimento com,
      34-35
   transformação do, 53
Marketing do mecanismo de busca, 95-
   102, 108-110
   "segredo" do sucesso no, 108-109
   estratégias iDireto para, 97-100
   estudo de caso de desenvolvedor de
      imóveis, 100-102
   melhores práticas para, 109-110
   tecnologia de monitoramento do, 97

Marketing E para E:
   banco de dados para, 177
   e-mails de retenção/venda cruzada
     em, 155
   ferramentas da Brinker para, 4
   para Best Buy for Business, 173-182
Marketing em massa, 21, 47
Marketing iDireto, 20, 22-23
   armadilhas no, 206-208
   como motivação para ação, 36
   na Nike, 26-27
   nas agências do futuro, 25-26
   resultados do, 204-206
   retorno do, 64
Marketing interativo, 53
Marketing móvel, 116-132
   consentimento prévio do, 117
   considerações táticas para, 129
   definido, 116
   direto, 117
   e ciclo de vida do cliente, 122-126
   execução do, 123, 127-129
   indireto, 117
   interfaceando a estratégia global e,
     118
Marketing móvel direto, 117
Marketing móvel indireto, 117-118
Marketing na Internet, 33
   e anúncio no mercado em massa, 47
   retorno do, 34
Marketing por telefone, 33
Marketing unilateral, 184
Marketing:
   4Ps de, 88
   dados do fornecedor para, 39-42
   função primordial do, (Veja também
     Criar valor) 50
   Internet, 33, 34, 47
   móvel (veja Marketing móvel)
   no ciberespaço, 46-49
   nova visão do, 21

   novas realidades do, 37-38
   responsabilidades complexas do, 35
   tecnologia do, 42-45
McCathren, Michael, 27, 183
Mecanismos de busca, 55
Melhores práticas, 35
Métrica da transação, 141
Métrica:
   para valor da equidade iBrand,
     192-193
   transação, 141
Mídia em massa, 21
Mídia:
   influência da, 65
   para conversação, 165
Milenthal, Rick, 16
Mito pagar pelo desempenho, 84-85
Mix da mídia, 88
Modelo de agência integrada, 24
Modelo de consumo da mídia, 60-64
Modelo de custo por aquisição (CPA –
   Cost per acquisition), 84-85, 100-102
Modelos de marketing push-pull, 54-56
Modelos de mídia preditiva, 60-64
Modelos mentais, 143-145
Money Mailer, 117-118, 125-126
Motivação, 140-142
Motorola, 111
MSN, 43
Mudança, 27
   no posicionamento do investimento
     em marketing, 31-32
   ritmo da, 19-22, 29
Mullen, Jeanniey, 147
Multitarefa da mídia, 58, 137
Multitarefa, mídia, 58, 137
MySpace, 47

Namoro on-line, 76 (Veja também
   eHarmony)
Necessidades, humanas, 141
Netflix, 203, 218

Nieman Marcus, 52
Nike, 26-27
Nível de segmento, testando em, 216
Normas, para o marketing móvel, 120
Normas, social, 141

Ofertas, otimizando e alinhando, 91
Oracle, 150, 177
Otimização do mecanismo de busca,
  95-96, 102-110
  análise da oportunidade na, 104-105
  áreas de expertise na, 102-103
  diagnóstico de oportunidades em,
    104-105
  estudo de caso do site do cinema,
    106-108
  execução avaliada da, 10
  melhores práticas para, 109-110
  planejamento da campanha na, 104
  relatório e analítica na, 105-106
  "segredo" do sucesso na, 108
Otimizando os engajamentos com o
  cliente, 81-93
  canais para, 82-84
  desafio em, 85-86
  e mito do pagar pelo desempenho,
    84-85
  estágios do, 86-88
  fases do, 88-89
  integração de dados do cliente para,
    89-90
  otimizando e alinhando ofertas
    para, 91
  plataformas para, 92
  prever comportamento para, 90-91
Ouvir conversa on-line, 166-167

Páginas Amarelas, 203
Páginas iniciais, otimizadas, 99
Pago-por-clique (veja Marketing do
  mecanismo de busca)

Palavras-chave, 41-42
  (Veja também Otimização do
    mecanismo de busca)
  administração da oferta com base no
    retorno sobre o investimento, 99
  no Marketing do Mecanismo de
    Busca, 98, 100, 101-102
Panasonic, 170
Papa John's, 112
Paramount Pictures, 126
Parcela de mercado, 38
"Parcela do investimento", 174
Patagônia, 86
Percepção, psicologia como
  motivadora da, 138-140
Perfis do cliente, para o marketing
  móvel, 121
Personalização, 219, 222
Políticas, para o marketing móvel, 120
Pontos de atenção, 158
Posicionamento estratégico, 42
Posse, necessidade de, 141
Praticantes iDireto, 24
Princípio 108-109, 191-192
Proeza analítica, 24
Promoção da mídia, 137
Próximo modelo lógico de produto,
  218
Psicologia, 135-146
  como força na revolução digital,
    140-142
  como motivadora da percepção,
    interação e tomada de decisão,
    138-140
  e evolução dos canais de marketing,
    136-138
  estudo de caso de turismo,142-146
Publicidade de resposta direta (DR –
  Direct Response), 33, 68
Publicidade iDPM, 73
Publicidade iDTV, 67-79

criando conexões emocionais na, 68, 73-74

definido, 70

estudo de caso da eHarmony, 74-76

estudo de caso da LegalZoom, 77-79

formato curto para, 73

primeira regra da, 70-71

teste Super Bowl de, 71-73

Publicidade na TV:

adesão a, 24

declínio da atenção dedicada a, 20

Retorno sobre o Investimento da publicidade on-line vs., 26

Publicidade Superbowl, 71-73

Publicidade,31-32

eficácia da, 211-212

emoção na, 68

investimento no marketing direto, 33

Publicis, 24

Rapp, Stan, 19, 36, 70, 246, 247, 248

Read, Melissa, 135

Regulamentos de Privacidade, 207-208

Relacionamentos, construindo, 36

Relatando, na Otimização do mecanismo de busca, 106

Retenção, com o e-mail marketing, 154, 155

Retorno sobre o Investimento em Marketing, 196, 198, 204, 208

Retorno sobre o Investimento:

administração da oferta com base no, 99

com iDTV, 7

com marketing direto, 33-3

otimizar o engajamento, 82, 92

Retorno sobre o Relacionamento, 169

Rothenberg, Randall, 45

Rubio, Janet, 28, 173

Rush do Marketing do Mecanismo de Busca, 106

Saatchi, Maurice, 23-24

Samuels, John, 174, 179

Schultz, Don, 23, 51

Sears, catálogos Roebuck, 52

Segmentação, de listas de e-mails, 156-157

Segway, 170

Serviço de Mensagem Curta, 114

Serviço de mensagem multimídia, 114

Shinseki, Eric, 209

Sinergia da mídia, 65

Smartfones, 113

Sony PSP, 203

Southwest Airlines, 48

SpyFu, 106

Suddenlink Communications, 89-90, 93

Suther, TIM, 244

TCBY, 125

Tecnologia digital, 52

e comunicação no marketing, 55

e mudança no marketing, 29

psicologia e, 140-142

Tecnologia:

desenvolvimento do fornecedor de, 39-42

e transformação do marketing direto, 52-53

educação do comprador com, 40

legado, 221

para o marketing do mecanismo de busca, 97

para o marketing iDireto, 42-45

para o marketing móvel, 127

Telefonia móvel, 53

Telerico, Anna, 41

Televisão, 45-46

anúncio via (veja Publicidade na TV)

interativa, 205

Terminais móveis dedicados, 113-114

Teste, 211-227
  analítica, 217-219
  barreiras ao, 219-222
  como aprendizado, 213-215
  custo do, 220
  e funil de marketing, 40
  história do, 215-217
  necessidade de, 212-213
  no Marketing do Mecanismo de Busca, 98-99
  valor do, 223-227

Teste multivariado, 217

The Age of Conversation (Gareth Kay), 189

TiVo, 141

Tomada de decisão, psicologia como motivadora de, 138-140, 142

Tomada de decisão colaborativa, 142

TripAdvisor, 152

Turf, 221-222

TV interativa, 205

Twitter, 19, 162, 167

Venda cruzada, com e-mail marketing, 154-155

Vendas por catálogo, 33

Verdino, Greg, 161

Vídeo, teste, 225

Wall Street Journal, 215-216

Warren, Neil Clark, 75

Web 2.0, 53, 183-184

Web móvel, 116

Wells Fargo, 48

World Wrestling Entertainment, 170

Yahoo!, 43

Yelp, 47-48

YouTube, 46, 162, 166-167, 192

Sobre os autores

Sobre Michael Becker

Michael Becker, um líder pioneiro no marketing móvel, é Vice-Presidente das estratégias móveis da iLoop Mobile, um dos provedores líderes em soluções de marketing móvel da América. Becker é o Vice-Presidente global e da América do Norte da Associação de Marketing Móvel e membro fundador do conselho móvel da Associação de Marketing Direto. É coautor de *Web marketing all-in-one for dummies*, autor colaborador de *Mobile internet for dummies*, e coeditor do *International Journal of Mobile Marketing*. Recentemente, ganhou o prestigiado prêmio Rising Stars 2009 da Fundação de Educação do Marketing Direto.

Sobre Michael Caccavale

Michael Caccavale é Presidente da Pluris Marketing, MBA do Babson College e Bacharel em Ciência em Engenharia pelo Rensselaer Polytechnic Institute. Seus 20 anos de experiência em marketing no varejo, serviços financeiros, telecomunicações, mídia e empresas de assistência médica o envolveu profundamente no desenvolvimento da tecnologia de marketing, análise estratégica, aperfeiçoamento do processo de marketing e técnicas avançadas de otimização analítica. Caccavale também possui experiência especializada em gestão de mídia em múltiplos pontos do engajamento do cliente on-line e off-line. Antes de se unir à Pluris, Caccavale esteve na Procter & Gamble e fundou a Aperio, uma empresa líder em serviços de marketing.

Sobre Richard Cross

Richard Cross é Presidente da Cross World Network, uma empresa que presta consultoria em marketing (rcross@crossworldnetwork.com) que ele fundou, em 1987, e é coautor de *Customer bonding: pathway to lasting customer loyalty*. A carreira de Cross representa 35 anos de inovação de marketing e liderança intelectual, incluindo 15 anos com a revista *Consumer Reports*, a qual ele aumentou a circulação para mais de 5 milhões de leitores. Atuou como editor colaborador na revista *Direct Magazine* e fundou e atuou como editor-chefe da *Case-in-Point*, uma publicação bimestral focada na criação e utilização do banco de dados dos clientes. Atualmente, ele trabalha com seus clientes para integrar as práticas tradicionais de marketing com novas tecnologias digitais fundamentadas na Internet.

Sobre Lucas Donat

Lucas Donat é Diretor Executivo de Criação e Sócio-fundador da Donat/Wald, localizada em Santa Mônica, Califórnia. A agência de publicidade gerou mais de US$ 1 bilhão em vendas para clientes que incluem eHarmony, Hotwire, Movielink, SouthBeachDiet.com, LegalZoom, Mattel Toys, 1 800 Dentist e ServiceMaster. Donat dirigiu e produziu marcas de comerciais de televisão DRTV ao longo de toda a sua carreira. Foi o principal arquiteto nos bastidores do sucesso publicitário da eHarmony.com, e é apontado como o responsável por tornar a marca um nome norte-americano. A eHarmony, atualmente, promove uma média de 236 casamentos por dia, aproximadamente 2% de todos os casamentos norte-americanos anualmente.

Sobre John A. Greco, Jr.

John A. Greco, Jr., Presidente da Associação de Marketing Direto (AMD) possui uma carreira de 19 anos na AT&T, a qual incluiu uma ampla gama de cargos de desenvolvimento comercial e de marketing, assim como cinco anos como Diretor do Centro de Excelência do Laboratório do Cliente da AT&T, na AT&T Bell Laboratories. Em 1996, Greco mudou para R.R. Donnelley & Sons como Vice-Presidente de marketing e tecnologia, posteriormente tornando-se Vice-Presidente sênior de desenvolvimento comercial e de marketing.

Em 2000, tornou-se Presidente da Associação de Mídia Integrada da Páginas Amarelas e em 2004 foi nomeado Presidente da Associação de Marketing Direto.

Sobre David M. Hughes

David M. Hughes é Presidente da The Search Agency, com gestão prática de seu produto, tecnologia, operações e vendas. Antes da The Search Agency, Hughes atuou como Vice-Presidente sênior do desenvolvimento corporativo da United Online, onde ele desenvolveu novos produtos a serem oferecidos para clientes da NetZero/Juno. É líder industrial no desenvolvimento e implementação de serviços de busca, serviços de banda larga e de relacionamentos estratégicos. Antes da United Online, ele foi consultor e gestor da Boston Consulting Group e associado da Mercer Management Consulting. Hughes é graduado pela Harvard University's Graduate School of Business Administration e ganhou o prêmio Dean de liderança.

Sobre Joseph Jaffe

Como fundador da Crayon, Presidente e Chief Interruptor, Joseph Jaffe é um dos consultores mais solicitados da era digital, palestrante e líder intelectual. Sua visão para o futuro do marketing está fundamentada em muitos dos conceitos proprietários da Crayon, e infunde o trabalho da em-

242 REDEFININDO MARKETING DIRETO INTERATIVO NA ERA DIGITAL

presa para clientes, tais como Panasonic, Kraft, American Airlines e Facebook. Jaffe é o criador do blog popular e do podcast Jaffe Juice, a estrela do vídeo show JaffeJuice na TV Web, e é autor de dois livros revolucionários: *Join the conversation* e *Life after the 30-second spot*. Seu terceiro livro, *Flip the funnel*, foi publicado no início de 2010.

Sobre Michael McCathren

Michael McCathren é um executivo de restaurantes há 26 anos, cuja experiência inclui operações, responsabilidades financeiras e de marketing para orientar profissionais de marketing casuais e de *fast-food*.

Ele se uniu à Chick-fil-A em 2004 e, atualmente, atua como catalisador de conversação e, recentemente, proclamado. McCathren criou a estratégia de marketing digital da empresa e aumentou drasticamente a presença da marca on-line com websites para franquias, aperfeiçoou a estratégia de e-mail e uma relação diferenciada com clientes no Facebook. Os engajamentos recentes de conversação incluem Semana da Publicidade, 1 a 1 para Mídia, "Chick-fil-A: serviço de cinco estrelas de pratos fast", e a Associação Americana de Marketing "Compartilhando sua marca no espaço social".

Sobre Jeanniey Mullen

Jeanniey Mullen é Diretora de Marketing da Zinio e da VIVmag. Possui responsabilidades globais pelo crescimento do distribuidor líder da revista digital da América. Antes da Zinio, Mullen foi associada sênior e Diretora Executiva Global na OgilvyOne Worldwide. Fundou a E-Mail Experience Council, administrou sua própria agência de publicidade e desempenhou um papel fundamental no desenvolvimento do e-mail marketing nas agências de publicidade, no final dos anos 1990, na Grey Direct. É coautora do livro recentemente publicado *Email marketing: an hour a day*, e frequentemente atua como palestrante em eventos relacionados ao marketing interativo e digital de e-mail.

Sobre Melissa Read, Ph.D.

Melissa Read, Ph.D., é Vice-Presidente de Pesquisa e Inovação da Engauge. A Dra. Read alavanca *insights* psicológicos para explicar, predizer e influenciar o comportamento on-line. Ela possibilita aos profissionais de marketing aprofundar as relações com o cliente e orienta o crescimento lucrativo da receita. Na Engauge, a Dra. Read lidera o pensamento estratégico digital da agência. Tem doutorado em psicologia e foi professora universitária. Frequentemente faz palestras sobre psicologia do marketing em conferências nacionais e contribui para publicações empresariais. Sua pesquisa foi publicada em *Psychological Science* na Advanced Science and Technology.

Sobre Janet Rubio

Janet Rubio é especialista em combinar astúcia com encanto genuíno ao trabalhar com pessoas brilhantes. Ela liderou os empreendimentos de marketing direto da Dell, quando a empresa expandiu de uma estimativa de US$ 750 milhões para US$ 2 bilhões. Em 1995, ela estruturou a Direct Impact, tornando a agência uma líder reconhecida em âmbito norte-americano em analítica avançada de dados e inovação no marketing direto. Em 2007, Halyard Capital adquiriu a Direct Impact como a base fundamental do que se tornaria a empresa Engauge, um novo modelo de agência de soluções em marketing. Sua função pioneira na gestão executiva da Engauge foi como primeira Diretora de *Insights* da agência.

Sobre Don E. Schultz

Don E. Schultz é professor (emérito em serviço) de comunicações integradas de marketing na Northwestern University em Evanston, Ilinóis. É BBA da Universidade de Oklahoma e MA e Ph.D. da Universidade do Estado de Michigan. É presidente da Agora, Inc., uma empresa de consultoria de marketing global, comunicação e marca. O Professor Scultz faz palestras, realiza seminários, desenvolve importantes temas de conferência e presta consultoria os melhores profissionais de marketing em cinco continentes. É autor/coautor de mais de 18 livros, mais de 100 artigos, e é editor do *International Journal of Integrated Marketing Communication.*

Sobre Tim Suther

Tim Suther é Vice-Presidente sênior da Global Multichannel Marketing Services. Como Diretor da Acxiom, lidera os negócios da empresa, abrangendo mídia digital, serviços da agência e tecnologia, assim como o marketing dos serviços e produtos do banco de dados. Nesta função, ele orienta os empreendimentos globais da Acxiom. Suther está na Acxiom desde 2005 e foi renomado por seus 26 anos de experiência na aplicação de modelos comerciais embasados na tecnologia para alcançar resultados transformacionais em uma variedade de indústrias. Suther atuou como Vice-Presidente sênior e Gerente Geral na Metavante, uma empresa de tecnologia de serviços financeiros, e Presidente na Protagona Worldwide, a empresa de software de marketing publicamente comercializada.

Sobre Greg Verdino

Greg Verdino é Diretor de Estratégia na consultoria de marketing, Crayon, que foca inovação no marketing, mídia social, novas tecnologias e canais emergentes. Verdino escreve um dos blogs de marketing mais influentes da web (www.gregverdino.com), e é especialista em mídia social em reportagens de mídia comercial, e atua com frequência como palestrante de conferência. Está concluindo seu primeiro livro, *micro*MARKETING, lançado em 2010 pela McGraw-Hill. Antes da Crayon, Greg foi Vice-Presidente de canais emergentes na Digitas e ocupou cargos de alta gerência em importantes empresas de marketing, incluindo Akamai, Arbitron, Blau Marketing Technologies, Saatchi & Saatchi e Wunderman.

SOBRE A DMA

MARKETING UNILATERAL É MAIS BEM DESENVOLVIDO COM UM GRUPO PODEROSO NOS BASTIDORES

NESTE UNIVERSO MULTICANAL DIGITAL, TODO MARKETING É MARKETING DIRETO.

JUNTE-SE À DMA AGORA.

O marketing direto está rapidamente se tornando a disciplina interativa unilateral favorecida por todos os tipos de empresas e organizações sem fins lucrativos. Qual a razão? Os resultados. O retorno sobre o investimento médio do marketing direto é US$ 11,63, em relação aos US$ 5,24 da publicidade de marketing não direto*. A DMA é o melhor meio de assegurar que todos os canais de marketing se mantenham abertos e economicamente viáveis, assim como de encontrar apoio para melhorar seus resultados de marketing on-line e off-line.

Quando você é um membro da DMA, você não está apenas salientando seu negócio para acesso à maior rede de profissionais de marketing diretos do planeta, como também está ressaltando o desempenho de cada membro da equipe de marketing com educação, desenvolvimento profissional e pesquisa. Você manter-se-á atualizado sobre as questões de política pública importantes, além de compartilhar da reputação positiva que a DMA trabalha intensamente para proteger, e suas prioridades serão representadas por uma voz respeitada em Washington D.C., em todas as 50 capitais e por todo o mundo. Um grupo poderoso como o nosso pode fazer muito por você.

APROVEITE O QUE SOMENTE A DMA PODE FAZER POR VOCÊ.

Envie um e-mail para membership@the-dma.org para saber como se associar.

* Fonte: DMA Power of Direct 2008-09

....O PODER DO DIRETO, DA RELEVÂNCIA, DA RESPONSABILIDADE E DOS RESULTADOS.

Sobre a Engauge

A Engauge está lisonjeada em apresentar a publicação de *Redefinindo Marketing Direto e Interativo na Era Digital,* obra editada e inspirada por nosso Presidente, Stan Rapp. É um livro que ousa abordar o que precisa ser mudado nos princípios fundamentais do marketing para a nova era digital. Como pioneira na prática do marketing **iDireto** e **iBranding**, a Engauge conecta os *insights* orientados para dados, com a criatividade inovadora on-line e off-line, para intensificar o desenvolvimento de nossos clientes. Nosso foco na avaliação do desempenho é refletido em nosso nome, Engauge, e nós atuamos com uma lista em rápida ascensão de alguns dos melhores profissionais de marketing da América. Você pode obter mais informações sobre a Engauge no site www.engauge.com.

Sobre Stan Rapp

Construtor de negócios

Stan Rapp é um ícone no marketing que, por duas vezes, atuou como Presidente de agências de publicidade global, com receitas anuais associadas, que atualmente ultrapassam um bilhão de dólares. Como cofundador da Rapp Collins (renomeada como RAPP) ele dedicou 23 anos de gestão, o que tornou a empresa uma das cinco melhores agências de publicidade dos Estados Unidos. No período em que ele foi Presidente da McCann Relationship Marketing (MRM), e enquanto ele atuou por seis anos na Diretoria da McCann Erickson WorldGroup, a receita da MRM aumentou sete vezes. Em seu atual empreendimento como Presidente da nova empresa Engauge, ele estabeleceu uma parceria com Halyard Capital para construir o modelo de agência **iDireto** e **iBrand** da próxima geração.

Autor 6 vezes

Quando *MaxiMarketing*, em coautoria com Tom Collins, foi publicado em 1986, David Ogilvy disse: "Todo profissional de publicidade precisa ler este livro". O comentário de Ogilvy conduziu os autores rumo ao estrelato. Mais de 250.000 cópias de *MaxiMarketing* foram vendidas no mundo inteiro, em mais de 12 idiomas. Cinco livros foram escritos, cada qual com um insight inédito em uma transformação do marketing de massa para um revolucionário paradigma unilateral, inicialmente previsto na geração passada no *MaxiMarketing*.

O novo livro de Rapp, *Redefinindo Marketing Direto e Interativo na Era Digital*, é patrocinado pela agência Engauge, em conjunto com a Associação de Marketing Direto.

Palestrante importante

Stan Rapp é um palestrante importante em conferências de negócios em praticamente todos os países de primeiro mundo e em muitos mercados emergentes, incluindo engajamentos na Sociedade de Marketing do Reino Unido; na Câmara Americana de Comércio em Tóquio; no Clube de Publicidade de Bombay; na Expo Marketing em São Paulo, Brasil; no Encontro de Membros MasterCard Australiano em Sevilha, Espanha; na Associação de Marketing Direto Australiana em Sydney; e nos Estados Unidos em uma ampla gama de setores da indústria. Ele tem sido um palestrante importante na Conferência Anual da Associação de Marketing Direto, muito mais do que qualquer outro palestrante de marketing direto.

Homenagens

Stan Rapp é um pioneiro de marketing e um líder reconhecido mundialmente. Foi eleito para o Hall da Fama da Associação de Marketing Direto dos Estados Unidos e foi o primeiro norte-americano admitido no Freedom of the City of London como um Freeman of the British "Worshipful Company of Marketors". Ele é vencedor, de 2005, do prestigiado Prêmio Visão DMEF, o qual foi atribuído apenas duas vezes nesta década. A revista *Advertising Age*, com a Advertising Club of New York, o nomeou como uma das 101 "estrelas" que constituíram a história da publicidade no século XX. A *Investors Business Daily* descreveu a história de sua vida em sua página inspiradora e amplamente acessada *Leaders & Success*.